엄마와 아기를 위해 정성껏 차린

자연주의 태교 밥상

이양지 지음

소중한 아기의 건강만큼
엄마 자신의 몸도
살피고 돌봐야 합니다

2011년은 저에게 평생 잊지 못할 해였습니다. 마흔을 훌쩍 넘긴 나이에 첫 아이를 갖게 되어 벅찬 기쁨과 함께 한편으론 큰 걱정이 교차했던 한 해였지요. 아이를 갖는 건 축복이고 참 감사한 일이지만 늦은 나이에 아이를 낳아 언제 키우느냐고 걱정하시는 분들도 많았습니다. 늦은 나이의 임신은 제가 생각해도 참 용감한 결정이었습니다.

지금은 어느새 돌이 다 된 아이를 키우며 난생처음 느껴보는 행복과 기쁨으로 가득한 날들을 보내고 있어요. '엄마'가 되고 보니 바깥일과 육아를 병행하는 엄마와 집안일을 하며 아이를 돌보는 엄마 모두 정말 대단하다는 생각이 듭니다. 그래서 아이가 배 속에 있을 때부터 엄마들이 건강해야 한다는 생각이 들더군요.

'엄마들이 스스로 몸을 살펴 돌보고 자신을 소중히 여기도록 하려면 무엇을 해야 할까' 고민하다가 제가 가장 자신 있는 '요리'로 응원을 하기로 결심했습니다. 아이가 태어나면 모유며 이유식을 챙기느라 밤낮없이 매달리지만 그보다 더 중요한 시기가 있다는 것을 엄마들은 알아야 합니다. 그 시기는 바로 자칫 소홀히 지나칠 수 있는 임신 기간입니다. 이때야말로 엄마 자신을 위해, 또 배 속의 아기를 위해 정성을 기울여야 한답니다.

평소 건강요리를 연구하고 '마크로비오틱'이라는 몸에 좋은 자연 먹을거리를 소개하는 일을 하고 있는지라 저 스스로는 잘 먹고 있고, 체력 또한 자신 있다고 생각해왔어요. 그럼에도 나이가 들어 임신하고 보니 '음식태교'를 잘하지 않으면 임신 기간뿐 아니라 그 이후에까지 몸이 견뎌내지 못할 것 같았습니다. 다행히 제 경우는 3~4개월의 입덧 기간을 비교적 수월하게 넘겼지만 그래도 메슥거리고 울렁거리는 증세가 있어 이를 가라앉히기 위해 입에 당기는 음식을 찾아 이것저것 요리를 해보게 되었지요.

이 책에는 입덧을 가라앉히고, 입맛이 당기는 시기에는 영양을 보충하면서도 살이 찌는 것을 방지하는 데 도움이 되는 요리들을 소개했습니다. 쉽게 지치고 피곤해지는 임신 기간에는 한 번에 여러 가지 요리를 해서 한 상 차려 먹기란 불가능한 일이기에, 시기별로 꼭 필요한 일품요리들을 실었어요. 한 끼 식사 메뉴도 있고 입맛을 돋우는 반찬이나 먹을 것이 자주 당기는 시기를 위한 간식거리도 담았습니다. 한 잔으로 필요한 영양을 섭취할 수 있는 음료와 직장에 다니는 임신부를 위한 집밥 도시락도 실었습니다.

특히 바깥일을 하는 임신부에게 꼭 필요한 것이 도시락이더군요. 몸이 늘어지고 마냥 잠만 자고 싶은 시기에는 요리를 하는 사람인 저마저도 아무것도 하기 싫어 외식을 하거나 밖에서 음식을 사가지고 들어와 먹는 일이 잦았습니다. 이래서는 안 되겠다 싶어 직접 만든 요리로 영양을 챙기려고 할 즈음, '직장에 다니는 임신부들은 매일 외식을 하겠구나' 하는 생각이 들었어요. 그래서 쉽게 쌀 수 있는 도시락 몇 가지를 이 책에 소개했습니다.

제가 즐겨 사용한 재료는 콩과 고구마, 단호박, 옥수수, 감자, 밤 그리고 과일들입니다. 저 개인적으로는 고기류가 별로 당기지 않아 대신 식물성 단백질을 많이 섭취하려고 했습니다. 실제로 몸에 좋은 건강식품들이기도 하고요. 특히 콩국수나 팥죽을 자주 만들어 먹었지요.

음식태교는 하기 싫은 요리를 억지로 하거나 먹고 싶지 않아도 억지로 먹는 것이 아닙니다. 스스로 즐기며 할 수 있어야 진정 태교에 도움이 됩니다. 자신의 몸과 아기가 원하는 것이 무엇인지 마음의 소리에 귀 기울이고 지혜를 발휘하여 평소보다 조금 더 정성을 들여 마음 편히 즐겁게 요리하는 것, 그것이 바로 음식태교입니다.

보기에도 예쁘고 좋은 식재료를 고르는 마음, 그 재료를 꼼꼼히 다듬는 정성, 요리하는 동안의 즐거움, 완성된 요리를 입에 넣었을 때 느끼는 행복감, 이 모든 것이 배 속에 있는 아기에게 좋은 영향을 줍니다. 이제 저와 함께 엄마와 아기 모두를 위한 음식태교를 시작해볼까요? 부디 이 책이 일생 중 가장 행복한 시간을 보내고 있을 독자들께 즐거운 동기 부여가 되었으면 합니다.

엄마가 건강하고 행복해야 아기도 행복하다는 사실을 기억하세요. 임신 중인 엄마들 모두 힘내세요!

2013년 봄을 기다리며
이양지

하나 더!
알찬 태교
메뉴   01

넉넉히 만들어두고 요긴하게 꺼내 먹는
밑반찬

PART 2
입덧을 가라앉히고 빈혈을 예방하는 음식으로!
임신 3~4개월 태교 밥상

하나 더! 알찬 태교 메뉴 02 직장맘을 위한 한 끼 식사
영양 도시락

응용해요!
집에 있는 반찬을 활용한 알뜰 도시락

'마크로비오틱', '자연주의 음식', '천연 재료', '안심 밥상'.

요즘 요리에 관해 이야기할 때 자주 등장하는 이야기이지요.

뭔지 모르게 낯설고 어려운 것 같지만 모두 '몸에 좋지 않은

인공적인 첨가물을 사용하지 않고 자연 상태 그대로

재료 본연의 특성을 살려 건강한 먹을거리를 만들자'는 의미예요.

생소한 재료나 복잡한 조리법이 필요 없어요.

집에 있는 익숙한 재료로 태교에 좋은 건강식을 만들기 위해

미리 준비할 몇 가지를 알려드립니다.

태교 요리를
만들기 전에
알아두세요

마크로비오틱 스타일로 태교하기

마크로비오틱은 '약식동원(藥食同原)'에 근거한 '자연 곡채식 섭생법' 입니다. 쉽게 말하면 오염된 식품이나 가공식품, 패스트푸드, 육류 위주의 식생활을 버리고 우리 선조가 영위했던 자연 그대로의 식생활로 되돌려 건강을 되찾자는 것입니다. 우리가 먹는 음식이 바로 우리 몸의 근간이 되어 세포 하나하나, 신경, 근육, 장기 등의 조직들이 만들어지는 것이지요. 그러나 이것은 어느 한순간에 이루어지는 것이 아니라 올바른 한 끼의 식사가 매일의 식습관이 되고 식생활 그 자체가 되어야 가능한 것입니다. 그래서 임신을 하기 전, 즉 임신을 준비하는 시기, 최소 임신 6개월 전부터 자신의 식생활을 점검하여 바로잡아야 할 것은 바로잡아 음식태교를 준비해야 합니다. 그러나 임신한 후에라도 음식태교에 관심을 갖고 올바른 식생활을 한다면 그때도 늦지 않으니 걱정하지 마세요.

첫째, 마크로비오틱식 음식태교의 기본 주식은 '현미밥'입니다. 현미밥을 처음 접한 경우 식감이 거칠어 먹기 힘들고 소화가 잘 안 될지도 모릅니다. 그럴 경우 처음에는 5분~7분도미, 발아현미로 시작해서 적응이 되면 현미로 바꿔도 됩니다. 부드러운 현미밥을 지으려면 현미를 씻어서 미리 물에 충분히 불려야 합니다. 봄가을에는 5~6시간, 겨울에는 7~8시간, 여름에는 3~4시간 불리고, 전기밥솥에 밥을 할 경우에는 밥물을 1.5배로 맞춰 지으면 됩니다. 쌀을 불릴 시간이 충분하지 않으면 압력솥을 사용해보세요. 압력솥에 현미밥을 할 때에는 불리지 않은 쌀에 밥물은 1.5배로 잡으면 됩니다. 압력이 찰 때까지 센 불로 가열하다가 압력이 차면 약한 불로 줄여 20분 가열한 다음 불에서 내리고 압력이 다 빠질 때까지 뜸을 들였다가 뚜껑을 열면 됩니다. 입맛이 없고 소화기능도 떨어지는 임신부의 경우 현미죽을 권합니다. 현미죽은 현미밥에 물을 5배가량 부어 푹 끓여도 되고 현미

쌀에 10배의 물을 붓고 끓여도 됩니다. 여기에 고소한 깨소금을 솔솔 뿌려 먹으면 현미의 소화와 영양 흡수에 도움이 됩니다. 깨소금은 통깨 9큰술에 소금 1작은술을 같이 볶아 빻아 만들면 돼요.

두 번째로 마크로비오틱식 음식태교를 위해 염두에 둘 것은 일물전체(一物全体)의 원칙입니다. 가능한 한 유기농이나 친환경 농산물을 구입하여 껍질이나 뿌리, 줄기, 잎까지 버리지 않고 조리하여 먹는 것이지요. 하나의 온전한 형태를 가진 살아 있는 음식(채소)에는 생명을 유지하기 위해 필요한 모든 것이 균형을 유지한 채 들어 있기 때문에 그것을 온전한 형태 그대로 섭취해야 죽은 것이 아닌, 살아 있는 것을 먹을 수 있는 것입니다. 입덧을 해서 음식을 만들기 어려운 시기가 아니라면 가능한 한 자신의 식사는 스스로 정성을 다해 요리해서 먹는 것이 좋습니다. 제철에 나오는 채소들 위주로 반찬을 구성하되 소화에 부담이 되지 않도록 되도록 잘게 썰거나 다지면 좋습니다. 임신 초기에는 하반신을 튼튼하게 하고 몸을 따뜻하게 하는 뿌리채소를 자주 먹으면 좋습니다. 연근이나 당근, 우엉, 무, 무말랭이, 고구마 등을 평소 즐겨 먹는 요리에 한두 가지 정도 부재료로 곁들여 조리하면 됩니다.

셋째로 마크로비오틱에서는 설탕을 대체하는 감미료로 매실청, 감식초, 오미자, 올리고당, 조청, 꿀, 메이플시럽 등을 자주 사용합니다. 설탕을 사용할 때는 유기농 흑설탕이나 황설탕을 사용하고요. 저의 경우 평소는 물론 임신 기간 동안 매실진액이나 감식초, 오미자, 복분자, 오디진액과 같이 직접 담근 효소를 설탕 대신 자주 사용했습니다. 새콤달콤하면서 향긋한 향 덕분에 입덧이 가라앉더군요.

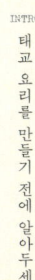

천연조미료 만들기

다시마+표고버섯국물 만들기

다시마와 표고버섯으로 매일 끓이는 국이나 찌개의 베이스가 되는 국물을 만들어두고 사용하면 좋습니다. 1.2ℓ 병에 다시마 한 조각과 표고버섯 2~3개를 넣고 생수를 부어 냉장고에 넣어두세요. 반나절만 지나도 진하게 우러난 국물을 사용할 수 있어요. 다시마의 경우 찬물로 국물을 우려내면 훨씬 감칠맛 난답니다. 이 병에 두 번 정도 더 생수를 부어 계속 우리면서 사용할 수 있습니다.

> **잠깐!**
> 다시마는 사방 5cm 크기로 자른 다음 밀폐용기에 담아 상온에서 보관하면 됩니다. 표고버섯과 멸치는 그대로 밀폐용기에 담아 냉장 보관하면 됩니다. 마른 표고버섯은 질 좋은 백화고나 동고를 구입해도 좋지만 일반적인 국산 표고버섯을 구입해 사용해도 충분해요. 값이 쌀 때 넉넉히 구입해서 햇볕과 바람에 자연 건조시킨 다음 밀폐용기나 지퍼백 등에 보관하고 사용하면 좋습니다.

매실진액 만들기

집에서 매실진액 만드는 방법을 알려드릴게요. 매실과 유기농 흑설탕을 같은 양으로 5kg씩 준비하세요. 만드는 과정은 아래와 같아요.

1. 매실 꼭지의 움푹 들어간 부분을 대꼬챙이를 이용해 전부 떼어낸 후 깨끗하게 씻는다.

2. 매실의 물기를 말끔하게 닦아낸다.

3. 유리병이나 항아리에 매실을 한 켜 넣은 다음 매실을 얇게 덮을 정도로 유기농 흑설탕을 뿌린다. 같은 방법으로 나머지 매실과 흑설탕을 켜켜이 담는다.

4. 마지막으로 매실이 보이지 않도록 흑설탕으로 덮는다. 용기 아랫부분에 깔린 흑설탕의 양보다 윗부분의 양이 많아야 한다.

5. 뚜껑을 덮어 100일간 두었다가 매실만 건져낸 다음 진액은 1년 정도 더 발효시킨다.

6. 발효 숙성된 매실진액은 끓는 물이나 생수를 붓고 농도를 조절하여 차로 마시거나 요리에 감미료로 사용한다.

요즘은 분말이나 액상 형태의 시판 천연조미료 제품들도 많지요. 또 다시마며 멸치를 직접 갈아서 사용하는 분들도 많습니다. 그런데 미리 만들어두면 편리하기도 하지만, 저는 이 방법을 그다지 권하고 싶지 않습니다. 왜냐하면 빻거나 곱게 가는 가공작업을 거치면 금속과 공기에 과다하게 접촉되어 산패가 우려되기 때문이지요. 또한 다시마가루며 멸치가루, 표고버섯 가루를 풀어 국물을 만들면 아무리 고운 가루라도 찌꺼기가 남고 국물의 색이나 맛도 탁해지더라고요. 그래서 저는 다시마 며 멸치, 표고버섯 등 국물 내는 재료는 본래의 형태 그대로 밀폐용기에 보관해두고 사용하고 있습니다.

깨소금 만들기

깨와 소금을 9:1의 비율로 볶아서 만든 깨소금은 현미밥을 먹을 때 곁들이면 현미의 소화와 흡수에 도움이 됩니다. 나물을 무칠 때 사용해도 좋아요.

고추장양념 만들기

고추장 3큰술, 고춧가루 1½큰술, 다진 마늘 1큰술, 다진 생강 1작은 술, 청주 2큰술, 양조간장 ⅓큰술, 조청 2큰술에 참기름과 통깨를 조금씩 넣고 잘 섞어 만듭니다.

초고추장 만들기

고추장 4큰술, 매실진액 1큰술, 식초 1½큰술, 올리고당 1½큰술, 다진 마늘 1작은술과 통깨 조금을 고루 섞어 만들면 됩니다.

무침장 만들기

간장 3큰술, 올리고당 1큰술, 참 기름 ⅓큰술, 다진 파 2큰술, 다진 마늘 1작은술, 통깨 조금을 잘 섞 어 만듭니다.

들깨딥소스

들깨가루(거피한 것) 4큰술, 플레 인 요구르트 3큰술, 마요네즈 1큰 술, 레몬즙 1큰술, 꿀 ½큰술, 들 기름 1큰술을 잘 섞어 만듭니다.

태교 중 다이어트에 효과적인 우리 음식

태교 중에도 다이어트에 무심해서는 안 됩니다. 임신 중에 몸매를 관리하라는 것이 아니라 체중이 과도하게 불면 임신중독증이나 임신성 당뇨병 등의 증상이 나타날 수 있고 출산 후에도 회복이 쉽지 않기 때문입니다. 임신 기간 내내 적당한 체중 유지와 변비 예방에 좋은 식품 몇 가지를 소개합니다.

현미

과일과 채소

현미는 햅쌀을 구입해야 오랫동안 맛있게 먹을 수 있어요. 쌀눈이 붙어 있어 백미보다 더 빨리 벌레가 생기고 오래 두면 냄새도 더 나서 맛이 없어집니다. 현미는 윤기가 나고 크기가 고른 것을 고르고, 되도록 조금씩 구입하는 것이 좋아요.

과일이나 오이, 당근, 셀러리, 무 등의 채소스틱, 방울토마토는 칼로리가 낮아 살찔 염려가 적고 건강에도 좋습니다. 과일에는 비타민이 풍부해서 임신 중의 피로 해소와 균형 잡힌 체질 관리에도 도움이 됩니다. 단, 과일에도 당분이 많이 포함되어 있으니 너무 많이 먹지는 않도록 주의하세요.

해조류

해조류는 주로 소금에 절여진 상태로 판매되고 있습니다. 실온의 물에 두어 번 헹궈 소금기를 씻어낸 다음 넉넉한 양의 물에 담가두고 중간에 두 번 정도 물을 갈아 짠 기를 충분히 뺀 다음 사용하세요. 해조류는 칼로리가 낮고 적은 양으로도 포만감을 느낄 수 있어 다이어트 식품으로 좋으며 철분과 식이섬유가 풍부해 임신부 빈혈과 변비 예방에도 아주 좋답니다.

계량은 간편하게 하세요

재료의 양을 잴 때는 계량스푼이나 밥숟가락, 계량컵이나 물잔 중에서 편리한 것을 사용하면 됩니다. 이 책의 레시피에서 한 큰술은 15㎖, 한 작은술은 5㎖, 한 컵은 200㎖입니다. 밥숟가락 하나는 보통 10~12㎖, 종이컵은 한 컵이 170~180㎖이니 양을 조절하여 사용하세요.

계량 도구 이용하기

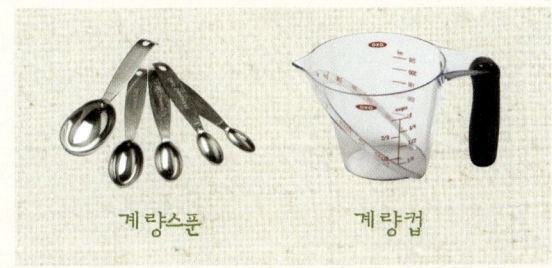

계량스푼   계량컵

집에 있는 숟가락과 컵 이용하기

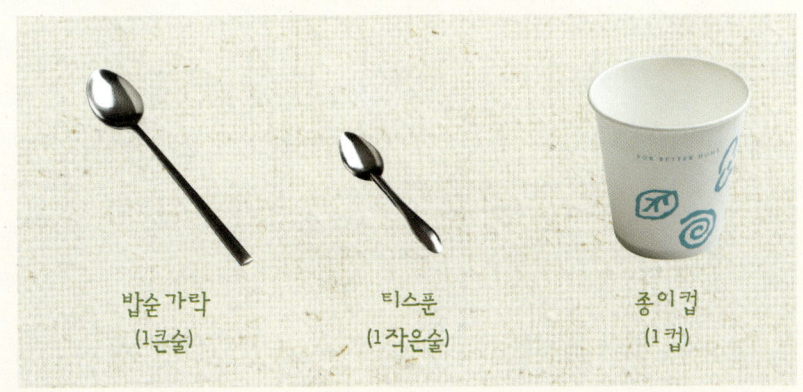

밥숟가락   티스푼   종이컵
(1큰술)   (1작은술)   (1컵)

임신을 계획 중이라면 임신 전부터 몸을 건강하게 관리하는 것이 중요합니다.

가임기, 즉 임신을 준비하며 기다리는 기간부터 이미 임신부라는 생각을 가지고

균형 잡힌 식사와 규칙적인 생활, 편안한 마음가짐으로

몸과 마음의 준비운동을 해야 합니다. 특히 자궁을 튼튼하게 하고

수정란이 안전하게 착상되는 데 도움이 되는 전복, 복분자, 장어 등의

음식을 챙기고, 임신 3개월 전부터는 기형아 출산 방지에 도움이 되는

엽산도 꼭 섭취하도록 하세요. 영양제에만 의존하지 말고

달걀이나 콩, 시금치, 간과 같이 엽산이 풍부하게 함유된 식품을

즐겨 먹는 것이 좋습니다. 또한 임신 후 2개월까지는 태아의 뇌세포와

기관이 형성되는 중요한 시기니만큼 단백질과 칼슘이 풍부한 식품도 필수랍니다.

이 시기에 도움이 되는 대표 식품

전복, 장어, 복분자, 달걀, 콩, 시금치, 현미, 견과류, 메밀, 쑥, 죽순, 목이버섯 등

PART 1

자궁을 튼튼하게, 착상은 안전하게!

가임기~임신 2개월
태교 밥상

복분자소스를 곁들인 장어구이

이렇게 준비해요

민물장어 2마리, 청주 1컵, 깻잎 20장, 자몽 2개, 생강 2톨, 마늘 3쪽, 굵은 파 ½대

복분자소스
복분자효소(또는 복분자주스) ½컵, 간장·청주·물 ¼컵씩, 마늘 4쪽, 저민 생강 1톨분, 굵은 파 1대, 마른 고추 1개

만들어볼까요?

1 민물장어는 손질된 것을 구입해 물에 씻지 않고 칼끝으로 콕콕 찔러 칼집을 낸 뒤 청주에 30분 정도 재워둔다.

2 냄비에 복분자소스 재료를 모두 넣고 끓여 살짝 걸쭉한 농도가 될 때까지 조린다.

3 자몽은 과육만 도려내고 생강은 채 썬다. 마늘은 저미고 굵은 파는 얇게 송송 썬다.

4 1의 민물장어를 건져 그대로 그릴에서 애벌구이한 다음 2의 소스를 2~3회 나누어 발라가며 약한 불에서 타지 않도록 굽는다. 다 구워지면 먹기 좋게 썬다.

5 깻잎 한 장에 구운 장어, 자몽, 채 썬 생강, 저민 마늘, 송송 썬 파를 하나씩 올리고 깻잎으로 보기 좋게 감싸 접시에 담는다.

2

4

임신부에게 좋은 재료 이야기

장어
스태미나식으로 유명한 장어는 단백질, 지방, 칼슘을 비롯한 무기질을 다량 함유한 고단백 식품이어서 심신이 허약해질 수 있는 임신부가 산전, 산후에 섭취하면 좋습니다. 또한 부인병 예방에도 탁월한 효과가 있다고 하니 여성에게 매우 좋은 식품이지요.

죽순쇠고기 목이버섯볶음

이렇게 준비해요

죽순(냉동 또는 통조림) 100g, 목이버섯 10g, 쇠고기(부채살) 200g, 청피망·홍피망 ¼개씩, 굵은 파 ½대, 다진 마늘 1작은술, 다진 생강 ½ 작은술, 참기름 조금, 식물성 기름 적당량

볶음 양념
청주 2큰술, 굴소스 1½큰술, 양조간장 1큰술, 물 3큰술

녹말물
감자녹말 ½큰술, 물 1큰술

만들어볼까요?

1 죽순은 빗살 모양을 살려 저며 썬다. 목이버섯은 물에 불려서 먹기 좋은 크기로 썬다.

2 청피망과 홍피망은 3~4cm 크기의 정사각형으로 썰고 굵은 파는 어슷하게 썬다.

3 팬에 기름을 두르고 약한 불에서 다진 마늘과 다진 생강을 넣어 향이 나도록 볶다가 쇠고기, 죽순, 목이버섯, 청피망, 홍피망, 굵은 파 순서로 넣으면서 센 불에서 볶는다.

4 3에 볶음 양념 재료를 넣어 고루 섞고 쇠고기가 익으면 불을 줄인다.

5 녹말물을 끼얹어 섞은 다음 불을 끄고 참기름을 조금 넣는다.

1

3

임신부에게 좋은 재료 이야기

죽순, 목이버섯
죽순은 임신부의 심한 감정 기복과 열이 나며 답답한 증세 등을 가라앉히는 신경안정제와 같은 역할을 합니다. 목이버섯은 혈에 있는 열을 내려 하혈이나 출혈을 멎게 하며 폐를 촉촉하게 해 임신 중에 숨이 가쁜 증상을 개선할 수 있습니다. 특히 감기에 걸렸을 때 먹으면 열을 내리면서 호흡기 증상 개선에 도움을 줍니다.

모둠채소
메밀국수

이렇게 준비해요

메밀국수(건면) 2인분, 가지 1개, 유부 3~4장, 깻잎 5~6장, 두릅 3~4개, 오이 ½개, 굵은 파채 · 생강채 · 고추냉이 갠 것 · 무 간 것 조금씩, 레몬 1조각, 식물성 기름 적당량

쯔유

간장 · 맛술 ½컵씩, 가다랑어포국물 2컵

만들어볼까요?

1 쯔유를 만든다. 참조

2 가지는 1㎝ 두께로 송송 썬 다음 기름을 두른 팬에 올려 숨이 살짝 죽도록 양면을 굽는다. 깻잎은 채 썰고 오이는 얇게 송송 썰어 소금을 약간 뿌린 다음 물기가 배어나오면 꼭 짠다.

3 유부는 마른 팬에 노릇하게 구워 1㎝ 폭으로 썬다. 두릅은 뿌리 끝에 칼집을 살짝 넣은 후 소금을 조금 넣은 끓는 물에 파랗게 데쳐 찬물에 헹구고 물기를 뺀다.

4 팔팔 끓는 물에 메밀국수를 넣어 삶은 다음 흐르는 물에 여러 번 헹궈 채반에 건진다.

5 접시에 메밀국수와 곁들임 재료들을 담고 무 간 것과 쯔유를 따로 그릇에 담아 곁들여 낸다.

2

3

tip

달콤 짭조름한 맛으로 입맛 사로잡는 쯔유 만들기
냄비에 간장과 맛술을 넣고 2~3분 정도 끓이다가 가다랑어포국물을 부어 한소끔 더 끓입니다. 한 김 식으면 냉장고에 넣어 차게 식혀 사용하세요.

임신부에게 좋은 재료 이야기

메밀

메밀은 자궁의 노폐물을 배출시키고 위장의 열기와 습기를 몸 밖으로 내보냅니다. 또 메밀의 녹말 입자는 소화가 잘되어 임신 초기 더부룩한 증세에 도움이 됩니다. 단, 속이 냉하고 허약한 사람은 오히려 소화가 잘 안 될 수 있으므로 찬 국수보다는 따뜻한 육수에 먹는 것이 좋습니다.

두부소스
브로콜리무침

이렇게 준비해요

브로콜리 1개, 소금 조금

두부소스
두부(부침용) ¼모, 양조간장
1½큰술, 곱게 간 통깨 1큰술,
피넛버터 · 황설탕 · 참기름
1작은술씩

만들어볼까요?

1 브로콜리는 봉오리를 적당한 크기로 나누어 썰고 굵은 대 부분은 1㎝ 두께로 저며 썬다.

2 끓는 물에 소금을 조금 넣은 다음 브로콜리를 넣어 파랗게 데치고 찬물에 헹궈 물기를 뺀다.

3 두부는 면포에 싸서 비틀어 물기를 짜면서 곱게 으깬다. 나머지 소스 재료와 으깬 두부를 함께 섞는다.

4 데친 브로콜리를 그릇에 담고 두부소스를 소복하게 얹는다.

2 　3

| 임신부에게
좋은 재료
이야기 | **브로콜리, 두부**
브로콜리는 엽산이 풍부해 임신부에게 매우 좋은 식품입니다. 입덧으로 입맛이 없을 때는 데친 브로콜리를 고소한 두부소스에 버무려 입맛을 살리세요. 두부는 단백질이 풍부한 식품이어서 영양 면에서도 완벽한 조합이랍니다. |

전복올리브유
구이

이렇게 준비해요

전복 · 블랙올리브 4개씩, 양
파 ½개, 청피망 · 홍피망 ¼
개씩, 올리브유 2큰술, 소
금 · 후춧가루 조금씩

만들어볼까요?

1 전복은 요리용 솔을 이용해 싹싹 비벼가며 깨끗이 씻은 다음 손
   질한다. **tip** 참조

2 양파와 청피망, 홍피망은 2㎝ 크기의 정사각형으로 썰고 블랙올
   리브는 반으로 썬다.

3 팬에 올리브유를 두른 다음 전복 표면을 아래로 놓고 중간 불에
   서 살짝 굽다가 뒤집어 다시 1분 정도 구우면서 소금과 후춧가
   루로 약하게 간한다.

4 구운 전복을 그릇에 담고 같은 팬에 2를 넣어 센 불에서 살짝 볶
   아 전복에 곁들인다.

1

3

tip

**바다의 보약 전복,
구이용으로 손질하기**
요리용 솔로 전복 옆면의 거무스
레한 부분까지 꼼꼼하게 문질러
씻은 다음 전복 살 표면에 격자
모양으로 칼집을 넣습니다.

임신부에게
좋은 재료
이야기

전복
전복은 임신 초기 나른하고 기운 없을 때 자양강장에 도움이 됩니다. 철분도 풍부해 임신부에게 좋
은 식품이지요. 전복은 보통 버터구이로 즐겨 먹는데 건강에 좋은 올리브유에 구워서 채소와 곁들여
먹는 것도 좋습니다.

복분자
약밥

이렇게 준비해요

찹쌀 2컵, 복분자효소 1컵(또는 복분자희석액 사용), 검은콩(불린 것) · 물 ½컵씩, 밤 5톨, 은행 12개, 대추 4개, 잣 · 간장 2큰술씩, 참기름 1큰술, 식물성 기름 조금

복분자희석액
복분자원액 ½컵, 물 ¾컵

만들어볼까요?

1 찹쌀은 깨끗이 씻는다. 복분자효소와 물을 섞은 다음 찹쌀을 담가 1시간 정도 불린다.

2 밤은 3~4등분하고 은행은 기름을 두른 팬에 살짝 볶아 얇은 껍질을 벗긴다. 대추는 과육을 돌려 깎아 먹기 좋게 썬다.

3 1의 찹쌀과 불린 물, 2의 절반, 잣을 압력솥에 넣고 소금을 넣은 다음 남은 2와 검은콩을 넣어 뚜껑을 닫고 불에 올린다. 센 불에서 압력이 찰 때까지 끓이다가 압력이 차면 약한 불에서 5분 정도 더 끓이고 불을 끈 다음 압력이 완전히 빠지면 뚜껑을 연다.

4 주걱으로 고루 섞은 다음 간장과 참기름을 넣고 섞으면서 간을 맞춘다.

1

3

임신부에게 좋은 재료 이야기	**복분자**
	복분자는 임신 초기의 유산을 예방하고 수정란의 착상을 안정시키는 데 도움을 줍니다. 약밥에 설탕 대신 복분자효소를 넣어 만들면 설탕의 양이 적어 몸에도 좋고, 단맛과 풍미가 더욱 잘 살아나 맛있게 먹을 수 있습니다.

명란젓부추 달걀말이

이렇게 준비해요

달걀 4개, 명란젓 100g, 부추 4줄기, 청주 2큰술, 후춧가루 조금, 식물성 기름 적당량

만들어볼까요?

1 달걀을 풀어 청주와 후춧가루를 넣고 섞는다.

2 사각 팬을 달군 후 기름을 얇게 바르고 1의 달걀물을 조금 부어 펼친다.

3 달걀이 완전히 익기 전에 명란젓과 부추를 사각 팬의 짧은 쪽 길이에 맞춰 올리고 달걀을 돌돌 만다.

4 사각 팬의 빈 곳에 다시 달걀물을 조금 부어 펼치고 3에서 먼저 만 것을 중심으로 다시 돌돌 만다.

5 이 과정을 반복하여 두툼하게 달걀말이를 만들어 먹기 좋게 썬다.

3

4

명란젓과 부추를 달걀말이 가운데에 두고 마는 조리 과정이 어려우면 부추를 얇게 송송 썰고 명란은 잘게 다져 달걀물에 함께 섞어 만들어도 좋습니다.

임신부에게 좋은 재료 이야기

달걀

달걀은 '완전식품'이라 불릴 만큼 우수한 음식이에요. 단백질과 지질뿐 아니라 아연과 비타민까지 풍부해 자양강장 작용을 하지요. 게다가 몸을 따뜻하게 만드는 성질을 지녔으니 임신부에게 잘 맞는 식품입니다. 단, 노른자에는 콜레스테롤이 있으니 너무 많이 먹지는 마세요.

키조개관자
채소볶음

이렇게 준비해요

키조개관자 2개, 양송이버섯 4개, 오이고추 2개, 캐슈너트 ⅓컵, 레몬 ½개, 소금·후춧가루 조금씩, 식물성 기름 적당량

볶음 양념

피시소스 ½큰술, 스위트칠리소스 1½큰술, 간장·다진마늘 1작은술씩, 청주 2큰술

만들어볼까요?

1 키조개관자는 두께를 반으로 저며 썬 다음 소금과 후춧가루를 뿌려 살짝 밑간한다.

2 양송이버섯은 반으로 썰고 오이고추는 1㎝ 폭으로 어슷하게 썬다.

3 팬에 기름을 두른 다음 키조개관자를 넣고 센 불에서 양면을 살짝 구워 꺼낸다.

4 같은 팬에 기름을 다시 두르고 양송이버섯과 오이고추, 캐슈너트를 넣어 같이 볶다가 채소의 숨이 살짝 죽으면 볶음 양념 재료를 고루 섞어서 팬에 넣고 섞는다.

5 4에 구운 키조개관자를 넣어 살짝 볶은 다음 불을 끄고 레몬 즙을 짜서 뿌린다.

1

5

임신부에게
좋은 재료
이야기

키조개

키조개는 빈혈을 예방하는 철분이 풍부하며 소화도 잘됩니다. 임신 초기에는 생식을 하지 못하므로 익혀 먹어야 하는데, 키조개는 오래 열을 가하면 식감이 질겨지므로 적당히 익을 정도로만 가열해 조리합니다.

무시금치
무침

이렇게 준비해요

시금치 ½줌, 무 2cm 1토막,
다진 파 1큰술, 잔멸치 3큰술,
참기름 1½큰술

무침 양념
양조간장 1½큰술, 물 1큰술,
생강즙 ½작은술, 통깨 조금

만들어볼까요?

1 시금치는 끓는 물에 소금을 조금 넣고 데쳐 찬물에 헹군 다음 물기를 짜고 3~4cm 길이로 썬다.

2 무는 강판에 간다.

3 팬에 참기름을 두른 다음 다진 파와 잔멸치를 넣고 바삭하게 볶는다.

4 1의 시금치를 무침 양념으로 조물조물 무쳐 그릇에 담는다.

5 4 위에 무 간 것과 3을 얹어 낸다.

1

3

임신부에게
좋은 재료
이야기

시금치
임신 초기에는 기형아를 방지하고 자연 유산을 예방하는 엽산이 풍부하게 함유된 식품을 섭취하는
것이 좋은데 시금치가 그중 대표적인 식품입니다. 일반적인 시금치무침이 아니라 소화를 돕는 무를
갈아 함께 올리고 바삭하게 볶은 잔멸치를 더해 식감도 살려 맛있게 먹을 수 있습니다.

도토리묵 무침

이렇게 준비해요

도토리묵 250g, 묵은 김치 150g, 오이 ½개, 김밥용 김 1장

묵은 김치 양념

매실청 ½큰술, 깨소금 · 참기름 조금씩

무침 양념

간장 2큰술, 다진 파 1큰술, 올리고당 · 매실청 ½큰술씩, 다진 마늘 · 참기름 1작은술씩, 통깨 조금

만들어볼까요?

1 도토리묵은 먹기 좋은 크기로 썬다.

2 묵은 김치는 양념소를 대충 털어내고 물기를 짜서 송송 썬 다음 묵은 김치 양념을 넣고 조물조물 무친다.

3 오이는 길게 반으로 썬 다음 얇고 어슷하게 썰고, 김은 살짝 구워 작게 찢거나 가위로 자른다.

4 그릇에 묵과 묵은 김치, 오이를 올리고 무침 양념 재료를 고루 섞어 끼얹은 다음 김을 고명으로 올린다.

1

4

임신부에게 좋은 재료 이야기

도토리묵

도토리묵은 장과 위를 튼튼하게 하고 소화를 도와 임신 중 밤에 출출할 때 야식으로 먹어도 부담이 적은 음식입니다. 입덧으로 힘들 때는 새콤하게 익은 묵은 김치와 입덧을 진정시키는 데 좋은 오이를 함께 넣고 무쳐 드셔보세요. 묵은 다이어트 식품으로도 유명해 임신 후기 체중 조절에도 도움이 되며 산후 다이어트에도 효과적으로 활용할 수 있어요.

넉넉히 만들어두고 요긴하게 꺼내 먹는

밑반찬

메추리알장조림

이렇게 준비해요

메추리알(삶아서 껍질 깐 것) 400g, 쇠고기(홍두깨살) 300g, 청주 4큰술, 물 2½컵

조림장 간장 6큰술, 유기농 황설탕 1큰술, 조청 2½큰술, 물 1½컵, 마늘 3쪽, 저민 생강 3~4쪽, 청주 3큰술, 굵은 파 파란 대 1대분, 양파 ½개

만들어볼까요?

1 쇠고기는 4등분으로 큼직하게 썬 다음 찬물에 1시간 정도 담가 핏물을 뺀다.

2 냄비에 물과 청주를 붓고 끓으면 쇠고기를 넣어 삶

는다. 고기를 젓가락으로 찔렀을 때 핏물이 나오지 않을 만큼 삶아지면 건진다.

3 냄비에 쇠고기와 조림장 재료를 모두 넣고 센 불에서 끓이다가 한소끔 끓으면 불을 약하게 줄여 고기에 간이 푹 배도록 조린다.

4 조림장이 ⅓ 정도 남으면 메추리알을 넣고 마저 조린다. 다 조려지면 쇠고기와 메추리알은 건져내고 조림장은 체를 받쳐 한 번 거른다.

tip 먹고 남은 조림장으로 감자와 버섯류를 조리면 또 한 가지 반찬이 됩니다.

멸치고추장볶음

이렇게 준비해요
마른 멸치 2컵, 식물성 기름 2큰술, 참기름 1½큰술, 통깨
조금
볶음장 고추장 1½큰술, 고춧가루 · 물 2큰술씩, 다진 마
늘 · 다진 생강 ⅓작은술씩, 청주 3큰술, 조청 4큰술

만들어볼까요?

1 마른 멸치는 체에 담아 흔들면서 잔가시나 티
끌을 털어낸다.

2 달군 팬에 식물성 기름 2큰술과 참기름 1큰술
을 같이 두른 다음 마른 멸치를 넣고 고소한 냄

새가 나도록 보슬보슬하게 볶는다.

3 2의 멸치를 그릇에 덜어두고 종이타월로 팬을
한 번 닦아낸 뒤 볶음장 재료를 넣어 한소끔 끓
인다.

4 3에 볶은 멸치를 넣고 볶음장이 진득해지도록
약한 불에서 잘 버무리며 볶은 다음 불을 끄고
통깨와 참기름을 뿌린다.

tip 조리하기 전에 미리 멸치 맛을 보아 짠맛 정도를 확인한 다음
고추장 양을 가감하세요.

다시마피클

염장 다시마 300g, 양파 1개, 청양고추 2개
밑국물 간장 ⅓컵, 물 ¼컵, 올리고당 · 현미식초 4큰술씩,
생강즙 1작은술

만들어볼까요?

1 다시마는 물을 여러 번 바꿔가며 담가두어 짠
맛을 뺀 다음 끓는 물에 넣어 살짝 데친다. 찬
물에 담갔다 건져 물기를 빼고 사방 5~6cm 크
기로 썬다.

2 양파는 채 썰고 청양고추는 얇게 송송 썬다.

3 밑국물 재료를 냄비에 모두 넣고 한소끔 끓여
식힌다.

4 다시마 사이사이에 양파와 청양고추를 넣어가
며 차곡차곡 용기에 담고 3의 밑국물을 부은
다음 하룻밤 지난 후부터 먹는다.

tip 다시마피클은 국물이 있는 상태로 냉장고에서 3~4주 정도 보
관할 수 있어요. 간이 밴 다시마를 따로 건져서 요리에 이용해
도 좋아요.

오징어채마늘종볶음

이렇게 준비해요

오징어채(가는 것) 300g, 마늘종 10대, 홍고추 1개, 식물성 기름 2큰술, 참기름 ½큰술, 조청 4큰술, 간장 1½큰술, 통깨 조금

만들어볼까요?

1 오징어채는 가위로 먹기 좋게 5~6㎝ 길이로 자른다.

2 마늘종은 오징어채와 비슷한 길이로 얇게 저미듯이 어슷하게 썬다. 홍고추는 씨를 털고 채 썬다.

3 달군 팬에 식물성 기름과 참기름을 같이 두른 다음 오징어채와 마늘종, 홍고추를 넣고 중간 불에서 볶는다.

4 오징어채가 살짝 쪼글쪼글해지면 불을 약하게 줄이고 조청과 간장을 끼얹어 섞은 다음 끈적끈적해지도록 2~3분 정도 더 볶고 불을 끈 뒤 통깨를 뿌린다.

tip 오징어채는 볶는 동안 쉽게 탈 수 있으므로 불 조절이 중요합니다. 조리하기 전에 오징어채 맛을 보아 짠맛이 강하면 간장의 양을 줄이세요.

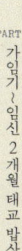

부드러운 콩호두조림

이렇게 준비해요

밤콩(또는 강낭콩, 울타리콩) · 호두 1컵씩, 생강즙 1작은술,
유기농 황설탕 · 올리고당 3큰술씩, 간장 4큰술

만들어볼까요?

1 밤콩은 말린 것이면 하룻밤 정도 물에 담가 부
드럽게 불린다. 불린 밤콩을 압력솥에 넣어 콩
이 잠길 정도로만 물을 붓는다.

2 압력솥의 압력이 찰 때까지 센 불로 끓이다가
압력이 차면 불을 약하게 줄여 7~8분 더 가열
한 후 압력을 빼고 뚜껑을 연다.

3 부드럽게 삶아진 콩을 달군 팬에 넣고 호두와
생강즙, 황설탕을 넣어 15분 정도 조린다.

4 간장과 올리고당을 넣고 윤기가 나도록 20분
정도 더 조린다.

tip 딱딱한 콩조림이 아니라 부드럽게 익힌 콩조림입니다. 콩을 양
념에 조리기 전에 미리 부드럽게 삶아내는 것이 포인트지요.
콩조림을 식힌 후 밀폐용기에 담아 냉장고에 넣어두면 보름 이
상 두고 먹을 수 있습니다. 일주일 정도 지나 남은 콩조림 양이
많으면 불에 한 번 끓여서 보관하세요.

무말랭이무침

이렇게 준비해요

무말랭이 100g, 실파 7~8줄기

밑간 다시마국물(또는 황태국물) ¼컵, 간장 3큰술, 멸치액젓 1큰술

양념장 고춧가루 4큰술, 다진 마늘 1½큰술, 생강즙 1작은술, 물엿 3큰술, 참기름 · 통깨 1큰술씩

만들어볼까요?

1 무말랭이는 찬물에서 조물조물 주물러 몇 번 헹궈 씻은 뒤 체를 받쳐 30분쯤 그대로 두고 불린다.

2 무말랭이가 부드럽게 불으면 밑간 양념을 넣고 조물조물 무쳐 간이 배도록 30분쯤 둔다.

3 실파는 무말랭이 길이대로 썬다. 볼에 양념장 재료를 넣고 잘 섞는다.

4 볼에 2의 무말랭이와 실파를 담고 양념장을 넣어 고루 무친다.

tip 무말랭이는 표백 처리하지 않은 국산으로 잘 골라야 합니다. 무말랭이는 물에 너무 오래 불리면 맛이 빠져나가고 꼬들꼬들한 식감도 줄어드니 적당하게 불려 준비하세요

임신 기간 중 이 시기를 가장 힘겹게 보내는 분들이 많을 거예요.

바로 입덧 때문이지요. 입덧은 황체호르몬이 구토를 일으키는 증상으로,

비위가 약해져 음식을 삼키기 어렵고 후각이 예민해져

메스꺼움을 자주 느끼게 됩니다. 공복 상태에서는 증상이 더욱 심해지니

적은 양이라도 음식을 꾸준히 섭취하는 것이 좋습니다.

요리를 하기도 힘든 시기이므로 쉽고 빠르게 만들 수 있는 음식 위주로

식단을 짜고 신선한 과일과 새콤 달콤 매콤하게 입맛을 돋우는 메뉴로 입덧을 달래세요.

임신 4개월이 되면 빈혈을 주의해야 합니다. 태아가 엄마의 철분을 흡수하기 때문에

빈혈을 예방하는 식품을 섭취해야 하지요. 담당 의사와 상의 후 철분제도 준비하세요.

이 시기에 도움이 되는 대표 식품

삼치, 닭고기, 오리고기, 다시마, 콩나물, 주꾸미, 현미, 묵은지, 곶감, 자몽, 녹황색 채소 등

PART 2

입덧을 가라앉히고 빈혈을 예방하는 음식으로!

임신 3~4개월
태교 밥상

자몽샐러드를 곁들인 삼치구이

이렇게 준비해요

삼치 ½마리, 자몽 1개, 양상추잎 2장, 치커리잎 3~4줄기, 적색 근대잎 1장, 소금·후춧가루 조금씩

드레싱
엑스트라 버진 올리브유 2큰술, 레몬즙 ½큰술, 다진 바질(또는 말린 허브) 1작은술, 소금·후춧가루 조금씩

만들어볼까요?

1 삼치는 손질된 것을 구입해 소금과 후춧가루를 뿌려 팬에서 노릇노릇하게 굽는다.

2 자몽은 껍질을 벗겨 과육만 도려낸다. 양상추잎, 치커리잎, 근대잎은 먹기 좋게 뜯는다.

3 볼에 드레싱 재료를 넣고 고루 섞는다.

4 구운 삼치를 그릇에 올리고 2의 채소를 섞어 곁들인 다음 드레싱을 끼얹는다.

1

2

tip
삼치는 임신 중 섭취하면 좋은 식품이지만 비릿함 때문에 먹기 힘들다면 상큼한 과일이 들어간 샐러드를 곁들여보세요. 자몽뿐 아니라 오렌지 또는 한라봉, 천혜향과 같은 감귤류도 좋습니다.

임신부에게 좋은 재료 이야기

삼치
삼치에는 머리가 좋아지는 영양소가 들어 있어 임신 중에 섭취하면 태아의 두뇌 발달에 도움이 됩니다. 단백질과 지방이 풍부한 삼치는 채소를 곁들여 먹는 것이 좋으며, 생선 중에서 지방이 많은 편에 속하니 너무 많이 섭취하는 것은 피하는 게 좋아요.

오리고기
매실장아찌
샐러드

이렇게 준비해요

오리고기(구이용) 160g, 양
배추잎 · 적색 근대잎 3장씩,
깻잎 7장, 굵은 파 1대, 매실
장아찌 70g, 감자녹말 · 튀김
기름 적당량씩

고기 밑간

청주 1큰술, 생강즙 ½큰술,
소금 · 후춧가루 조금씩

드레싱

양조간장 3큰술, 매실청 2큰
술, 현미식초 1큰술, 고추기
름 ½작은술, 통깨 조금

만들어볼까요?

1 오리고기는 밑간 양념을 넣고 30분 정도 재워둔다.

2 양배추와 적색 근대잎, 깻잎은 가늘게 채 썰고 굵은 파는 흰 대
  부분만 4~5cm 길이로 채 썬다. 매실장아찌는 먹기 좋은 크기로
  썬다.

3 밑간한 오리고기에 감자녹말을 얇게 묻힌 다음 180℃의 튀김기
  름에 바삭하게 튀겨 건진다.

4 2의 채소와 3의 고기를 섞어 그릇에 담고 드레싱을 끼얹는다.

1
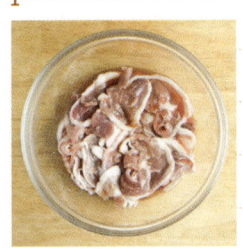

3

임신부에게
좋은 재료
이야기

오리고기
오리고기는 알칼리성 식품으로 다른 육류에 비해 불포화 지방산이 풍부하고 양질의 단백질을 섭취
할 수 있어 임신 기간에 먹어도 좋은 식품입니다. 오리고기 특유의 냄새를 없애기 위해 바삭하게 튀
기고 새콤달콤한 매실장아찌를 듬뿍 넣어 갖은 채소들과 함께 샐러드를 만들면 먹기 좋아요.

곶감
무다시마무침

이렇게 준비해요

곶감(반건시) ⅔컵, 무 3cm
1토막, 염장 다시마 70g, 무
순·통깨 조금씩

무침 양념
감식초(또는 현미식초) 2큰
술, 황설탕 ½큰술, 양조간장
1작은술, 소금 ⅓작은술

만들어볼까요?

1 곶감은 얇게 저며 썬다. 무는 곱게 채 썬다.

2 염장 다시마는 물을 여러 번 바꿔가며 씻어 소금기를 뺀 다음 얇
  게 채 썬다.

3 1과 2를 섞고 무침 양념 재료를 고루 섞어 함께 버무린 다음 그
  릇에 담는다.

4 3 위에 무순을 얹고 기호에 따라 통깨를 뿌린다.

1

2

임신부에게 좋은 재료 이야기	**곶감**
	임신 기간에는 비타민이나 미네랄과 같은 미량 영양소를 적극적으로 섭취해야 합니다. 특히 곶감은 비 타민 C가 풍부한 식품인데 무와 다시마를 함께 넣어 새콤달콤하게 무치면 근사한 반찬이 됩니다.

매콤한
닭꼬치구이

이렇게 준비해요

닭다리살(넓적다리) 2장, 떡
볶이 떡 6개, 굵은 파 1대, 통
깨 조금, 우유 적당량

구이 소스

고추장 1½큰술, 토마토케첩
1큰술, 고춧가루 ½큰술, 다
진 마늘 · 간장 1작은술씩, 청
주 · 조청 2큰술씩, 참기름
조금

만들어볼까요?

1 닭다리살은 넓적다리 부위로 준비해 떡볶이 떡 길이에 맞춰 썬
다음 우유에 15분 정도 담가두어 누린내를 제거한다.

2 굵은 파도 떡볶이 떡 길이에 맞춰 썬다. 볼에 소스 재료를 모두
넣고 섞는다.

3 닭다리살을 건져 우유를 닦아낸 다음 꼬치에 닭다리살, 떡볶이
떡, 굵은 파를 번갈아 끼운다.

4 그릴이나 팬에 꼬치를 올리고 소스를 서너 번 덧발라가면서 타
지 않도록 구운 다음 통깨를 뿌린다.

1

3

임신부에게
좋은 재료
이야기

닭고기
소화가 비교적 잘되는 육류인 닭고기는 임신 중에 먹기 무난한 고단백 식품입니다. 비타민과 철분,
적당한 지방을 함유하고 있어 영양 면에서도 우수한 식품이지요. 닭의 넓적다리살을 보관할 때는 칼
집을 내어 급속 냉동시키는 것이 좋습니다.

채소 듬뿍
주꾸미 볶음

이렇게 준비해요

주꾸미 4~5마리, 양배추잎 2장, 당근 ⅛개, 양파 ½개, 미나리 15줄기, 풋고추 2개, 홍고추 1개, 굵은 파 1½대, 식물성 기름 · 참기름 · 통깨 조금씩, 밀가루 · 굵은소금 적당량씩

양념장
고추장 · 청주 · 조청 2큰술씩, 고춧가루 2큰술, 양조간장 1큰술, 다진 마늘 1½작은술, 다진 생강 ½작은술

만들어볼까요?

1 주꾸미는 깨끗이 손질한다. 참조

2 양념장 재료를 섞어서 손질한 주꾸미에 넣고 하룻밤 정도 재워 둔다.

3 양배추는 넓게 채 썰고 당근은 3~4㎝ 길이로 네모지게 썬다. 양파는 1㎝ 너비로 썰고 미나리는 줄기만 다듬어 4~5㎝ 길이로 썬다. 풋고추와 홍고추, 굵은 파는 어슷하게 썬다.

4 팬에 기름을 두르고 양파와 당근, 양배추, 풋고추, 홍고추를 넣어 살짝 볶다가 주꾸미를 넣어 센 불에서 재빠르게 볶는다. 주꾸미가 조금 오그라들기 시작하면 미나리와 굵은 파를 넣어 조금 더 볶은 다음 불을 끈다.

5 4에 참기름과 통깨를 뿌린다.

tip

볶음용 주꾸미 손질법
주꾸미 몸통을 뒤집어 꼬불꼬불한 밥알 같은 것을 떼어낸 다음 머리와 몸통을 가르고 다리는 굵은 것을 반으로 자릅니다. 손질한 주꾸미는 밀가루와 굵은소금을 뿌려 손으로 바락바락 주물러 비비고 물에 깨끗이 헹궈 씻은 다음 물기를 뺍니다.

임신부에게 좋은 재료 이야기 | **주꾸미**
주꾸미에는 DHA 성분이 풍부해 태아의 두뇌 발달에 도움을 줍니다. 철분 또한 풍부해 임신 중 빈혈 예방에도 탁월한 효과가 있지요. 또 칼로리는 낮고 필수아미노산은 풍부해 체중 조절에 효과적이고 임신부의 피로회복에 도움을 주는 타우린 성분도 풍부합니다.

묵은지
현미밥롤

묵은 김치 ⅛포기, 현미밥 2
공기, 실파 3~4줄기, 통깨
조금

양념

매실청 2½큰술, 현미식초 1
큰술, 소금 ¼작은술

만들어볼까요?

1 묵은 김치는 양념을 털어내고 물에 깨끗이 헹궈 물기를 짠 다음
한 장씩 잎을 뜯는다.

2 양념 재료를 섞어 뜨거운 현미밥에 붓고 통깨도 뿌려 주걱으로
살살 버무린다.

3 2의 밥을 동그랗고 길쭉하게 빚어 1의 묵은 김치 위에 올리고 돌
돌 말면서 싼다.

4 3을 먹기 좋은 크기로 썰어 접시에 담고 송송 썬 실파를 얹는다.

1

2

임신부에게
좋은 재료
이야기

묵은지
입덧이 심할 때 기본양념으로 맛을 낸 음식을 먹으면 입덧 증상이 가라앉을 때가 많습니다. 새콤하
게 곰삭은 묵은지에 밥을 싸서 만든 롤은 밥에도 새콤달콤한 매실청 양념이 되어 있어 입덧 증상 완
화에 도움이 됩니다.

김치 올린 비빔국수

이렇게 준비해요

소면 2인분, 오이 ½개, 달걀
1개, 묵은 김치(송송 썬 것) ½
컵, 김밥용 김 1장

비빔장
양파 · 사과 ⅛ 개씩, 고춧가
루 · 고추장 1½큰술씩, 다진
마늘 · 간장 1작은술씩, 매실
청 2큰술, 현미식초 1큰술, 올
리고당 ½큰술, 참기름 · 통
깨 조금씩

만들어볼까요?

1 오이는 채 썰고 달걀은 삶아 반으로 가른다. 김은 구워서 먹기
좋게 찢거나 가위로 자른다.

2 소면은 끓는 물에 삶아 찬물에 여러 번 헹군 다음 물기를 뺀다.

3 비빔장 재료를 커터에 넣어 곱게 간 다음 소면에 넣어 버무린다.

4 그릇에 3을 담고 오이와 묵은 김치, 달걀, 김을 올린다.

2

3

임신부에게
좋은 재료
이야기

간단 국수
입덧으로 속이 부담스러울 때는 밥 대신 국수 종류를 즐겨 찾게 됩니다. 송송 썬 묵은지를 넣은 매
콤한 비빔국수는 소화도 잘되어 임신 초기에 먹기 좋은 음식입니다. 비빔장을 넉넉히 만들어 냉장고
에 넣어두면 숙성되면서 맛도 더욱 깊어질 뿐만 아니라 언제든 꺼내 요리할 수 있어 유용합니다.

토마토소스
바지락
스파게티

이렇게 준비해요

스파게티면 2인분, 완숙 토마토 3개, 양파 ¼개, 마늘 2쪽, 셀러리 2대, 바지락 1봉, 화이트와인 4큰술, 올리브유 2큰술, 바질(또는 말린 허브)·소금·후춧가루 조금씩

만들어볼까요?

1 토마토는 끓는 물을 끼얹은 다음 찬물에 담가 껍질을 벗기고 숭덩숭덩 썬다.

2 양파는 다지고 마늘은 저민다. 셀러리는 어슷하게 썬다. 바지락을 소금물에 담가 해감을 뺀 다음 깨끗하게 씻는다.

3 냄비에 물을 넉넉히 끓여 약간 짠맛이 나도록 소금을 넣고 스파게티면을 넣어 10분 정도 삶는다.

4 팬에 올리브유를 두르고 저민 마늘과 다진 양파를 넣어 약한 불에서 향이 나도록 볶다가 토마토를 넣어 주걱으로 짓이기면서 잠시 볶는다. 그다음 셀러리와 바지락을 넣어 볶다가 화이트와인을 끼얹는다.

5 바지락 껍데기가 벌어지기 전에 삶은 스파게티를 넣어 같이 볶고 뻑뻑하면 스파게티 삶은 물을 조금씩 넣으면서 소금과 후춧가루로 간을 맞춘다.

1

5

임신부에게
좋은 재료
이야기

토마토
시판 토마토소스를 사용하면 만들기 간편해서 좋지만 토마토를 바로 볶아서 스파게티를 만들면 더욱 신선한 맛이 난답니다. 항산화 작용이 강한 성분이 듬뿍 든 토마토는 익혀 먹으면 흡수율이 더욱 좋아지므로 스파게티에 넣으면 임신부에게 매우 좋은 요리가 됩니다.

청양초드레싱
그린샐러드

이렇게 준비해요

샐러드채소(로메인상추 ·
치커리잎) 100g, 영양부추
30g, 오이 ½개, 호두 ⅓컵,
바게트 슬라이스 3개, 식물
성 기름 적당량

청양초드레싱
포도씨유 4큰술, 청양고추 1
개, 양파 ⅛개, 레몬즙 1½큰
술, 황설탕 · 양조간장 1작은
술씩, 소금 · 후춧가루 조금씩

만들어볼까요?

1 로메인상추와 치커리잎은 깨끗이 씻어 먹기 좋게 뜯는다.

2 영양부추는 5~6㎝ 길이로 썰고 오이는 얇게 송송 썬다.

3 호두는 마른 팬에 볶은 뒤 대강 다지고 바게트는 식물성 기름을
뿌린 팬에 노릇노릇 굽는다.

4 커터에 드레싱 재료를 모두 넣고 곱게 간다.

5 1~3을 모두 섞어 그릇에 담고 드레싱을 뿌린다.

3

4

임신부에게
좋은 재료
이야기

청양초드레싱
청양고추를 갈아 넣어 매콤한 맛을 낸 청양초드레싱은 입덧을 가라앉히는 데 도움이 되고 새콤달콤
한 드레싱 재료들이 어우러져 독특한 맛을 냅니다. 청양고추의 양은 취향에 맞춰 조절하세요.

직장맘을 위한 한 끼 식사

영양 도시락

달걀샌드위치도시락
달걀샌드위치 + 감자옥수수수프

이렇게 준비해요

달걀샌드위치 식빵·양상추잎 2장씩, 달걀 1개, 오이 ½개, 마요네즈 1큰술, 소금·후춧가루·버터 조금씩

감자옥수수수프 감자 ⅓개, 통조림옥수수 2큰술, 굵은 파 ¼대, 다진 마늘 ½작은술, 다시마표고버섯국물(또는 치킨스톡이나 취향에 맞는 국물) 2컵, 다진 파슬리·소금·후춧가루·식물성 기름 조금씩

만들어볼까요?

1 달걀샌드위치를 만든다. 달걀은 완숙으로 삶아 거칠게 다진다. 오이는 긴 반달 모양으로 얇게 저며 썬 다음 소금을 약간 뿌려 숨을 죽이고 물기를 꼭 짠다.

2 다진 달걀에 마요네즈와 소금, 후춧가루를 넣고 버무린다.

3 식빵 한쪽 면에 버터를 얇게 바르고 2를 펴서 올린 다음 그 위에 오이를 올리고 다른 식빵으로 덮어 먹기 좋게 썬다.

4 감자옥수수수프를 만든다. 감자는 껍질을 깎아 반달 모양으로 얇게 썰고 굵은 파는 얇게 송송 썬다.

5 냄비에 기름을 두르고 굵은 파와 다진 마늘을 넣어 향이 나도록 볶다가 감자와 옥수수를 넣어 살짝 볶은 다음 다시마표고버섯국물을 부어 감자가 푹 익도록 끓인다.

6 5를 믹서에 넣고 곱게 간 다음 다시 냄비에 부어 한소끔 끓이고 소금과 후춧가루로 간을 맞춘다. 불을 끈 다음 다진 파슬리를 뿌린다.

tip 임신 중에는 복잡하고 무거운 맛을 내는 요리보다 심플하고 담백한 맛이 입맛에 맞을 때가 많습니다. 달걀샌드위치는 만들기도 간편해서 도시락으로 챙기기 좋아요.

라이스샌드위치도시락
라이스샌드위치 + 연근버섯수프

이렇게 준비해요

라이스샌드위치 따뜻한 밥 1~2공기, 쇠고기(저민 갈빗살)·상추잎 3~4장씩, 저민 마늘 2쪽분, 채 썬 파프리카 ⅛개분, 스테이크소스 적당량, 소금·후춧가루 조금씩

연근버섯수프 연근 2㎝ 1토막, 백일송이버섯(또는 취향에 맞는 버섯) 30g, 칵테일새우 2~3마리, 다시마국물(또는 치킨스톡이나 취향에 맞는 국물) 2컵, 송송 썬 쪽파 2대분, 녹말물(감자녹말 1큰술+물 2큰술), 간장 1작은술, 소금·후춧가루 조금씩

만들어볼까요?

1 라이스샌드위치를 만든다. 쇠고기는 소금과 후춧가루를 조금씩 뿌린 다음 저민 마늘과 함께 팬에 살짝 구워 건진다.

2 밥은 전체 분량을 4등분한 다음 하나씩 동글납작하게 손으로 빚는다.

3 2에 상추와 1을 얹고 스테이크소스를 뿌린 다음 파프리카와 상추를 다시 올린다. 그 위에 다른 밥을 덮어 샌드위치를 두 개 만든다.

4 연근버섯수프를 만든다. 연근은 얇은 은행잎 모양으로 썰고 백일송이버섯은 1㎝ 길이로 썬다.

5 냄비에 다시마국물을 붓고 연근과 백일송이버섯을 넣어 끓인다. 연근이 익으면 칵테일새우를 넣어 한소끔 더 끓이고 불을 줄인 후 녹말물을 조금씩 끼얹어 걸쭉하게 끓인다.

6 간장과 소금, 후춧가루로 간을 맞추고 송송 썬 쪽파를 넣는다.

tip 빵 대신 밥으로 만드는 샌드위치입니다. 갈빗살 대신 불고기를 넣어도 맛있어요. 수프는 밥에 어울리는 것으로 준비해도 되고 전날 먹다 남은 된장국도 괜찮습니다.

두 가지 주먹밥도시락
잔멸치호두볶음주먹밥＋오이지무침주먹밥

이렇게 준비해요

밥 2공기, 김밥용 김 1장, 깨소금 조금

잔멸치호두볶음 (만들기 쉬운 분량) 잔멸치 1컵, 호두 2큰술, 청양고추 1개, 생강즙 ½작은술, 조청 3큰술, 간장 ½큰술, 식물성 기름 1큰술, 통깨·참기름 조금씩

오이지무침 (만들기 쉬운 분량) 오이지 2개, 고춧가루 1큰술, 다진 마늘·황설탕 ½작은술씩, 식초·참기름 1작은술씩, 통깨 조금

곁들임 콩나물국

만들어볼까요?

1 잔멸치호두볶음을 만든다. 호두는 작게 썰고 청양고추는 얇게 송송 썬다.

2 팬에 기름을 두르고 잔멸치를 넣어 보슬보슬하게 볶다가 호두와 청양고추를 넣어 함께 볶는다.

3 불을 약하게 줄이고 생강즙과 조청을 섞어 고루 끼얹은 다음 약간 진득해지도록 볶는다. 간장을

넣어 잘 섞은 뒤 불에서 내리고 통깨와 참기름을 뿌린다.

4 오이지무침을 만든다. 오이지는 얇게 송송 썬 다음 물을 두세 번 바꿔가며 담가두어 짠맛을 뺀다. 물기를 꼭 짠 다음 양념 재료를 넣고 조물조물 무친다.

5 밥 1공기를 손으로 뭉친 다음 손바닥 크기로 납작하게 펴서 잔멸치호두볶음을 적당량 올리고 감싸 쥐어 주먹밥 모양을 만든다. 같은 방법으로 오이지무침을 넣은 주먹밥을 만든다.

6 김을 알맞은 크기로 잘라 잔멸치호두볶음주먹밥을 감싼다. 오이지무침주먹밥은 깨소금을 조금 묻힌다. 콩나물국과 같이 가벼운 국물 메뉴를 곁들이면 좋다.

> **tip** 냉장고에 있는 밑반찬을 이용하면 언제든지 간편하게 주먹밥을 만들 수 있답니다. 깻잎이나 고추장아찌, 무말랭이무침 같은 것을 밥 속에 넣거나 밥에 섞어 뭉쳐도 맛있지요.

현미밥채식도시락
현미밥＋두부버섯구이＋가지나물

이렇게 준비해요

현미밥 1공기, 배추김치 · 사과 적당량씩

두부버섯구이 두부(부침용) ½모, 표고버섯 2개, 청피망 · 홍피망 ⅛개씩

양념장 현미유 2큰술, 간장 · 레몬즙 1큰술씩, 참기름 ½큰술, 피시소스 · 다진 마늘 · 다진 붉은 양파 1작은술씩, 고춧가루 · 소금 · 후춧가루 · 통깨 · 검은깨 약간씩

가지나물 가지 2개, 국간장 · 다진 마늘 ½작은술씩, 다진 파 1큰술, 다진 홍고추 1작은술, 양조간장 · 참기름 · 통깨 ½큰술씩

만들어볼까요?

1 두부버섯구이를 만든다. 두부는 종이타월로 물기를 닦아내고 먹기 좋게 썬다. 표고버섯은 4등분으로 썬다. 그릴에 두부와 버섯을 올리고 노릇하게 굽는다.

2 양념장 재료를 섞어두었다가 1이 뜨거울 때 부어 간이 고루 배도록 재운다.

3 가지나물을 만든다. 가지는 길게 4등분해 김이 오른 찜통에 넣고 5분 정도 찐다. 찐 가지를 식혀 물기를 꼭 짜고 꼭지를 뗀 다음 손으로 쭉쭉 찢는다. 가지가 길면 길이대로 3등분한다.

4 볼에 양념 재료를 넣어 섞은 다음 가지를 넣어 살살 버무린다.

5 도시락에 현미밥을 담고 두부버섯구이와 가지나물, 배추김치를 담은 다음 사과 등 과일을 곁들인다.

tip 입덧으로 고기가 입에 맞지 않을 때는 두부 같은 식물성 단백질 급원 식품을 챙겨 먹는 것이 좋습니다. 현미밥의 거친 식감 때문에 소화가 안 될 때는 현미를 물에 최소 3~4시간 정도 충분히 불려서 부드러운 현미밥을 지어 드세요.

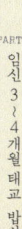

섞음초밥도시락
섞음초밥＋두부마요네즈＋맑은된장국

이렇게 준비해요

섞음초밥 연어 1토막, 초절임무 1장, 조미유부 2~3장, 매실장아찌 1~2개, 참나물 30g, 배합초(식초 1큰술+황설탕 ½큰술+소금 ⅛ 작은술), 밥 1공기

채소 브로콜리·파프리카 적당량씩

두부마요네즈 두부(부침용) ¼모, 레몬즙 ⅔큰술, 올리고당 1작은술, 올리브유 1½큰술, 바질잎(또는 파슬리) 2~3장, 소금·후춧가루 조금씩

맑은된장국 두부 ⅛모, 팽이버섯 20g, 쪽파 1대, 일본된장 1큰술, 물 1½컵

만들어볼까요?

1 섞음초밥을 만든다. 연어는 노릇노릇 구워 살을 발라 찢는다. 초절임무와 조미유부는 곱게 채 썰고 매실장아찌는 다진다. 참나물은 얇게 송송 썬다.

2 따뜻한 밥에 배합초를 넣어 주걱으로 살살 섞다가 1을 모두 넣고 섞는다.

3 브로콜리는 봉오리를 나눈 다음 끓는 물에 소금을 조금 넣어 데치고 파프리카는 먹기 좋은 크기로 썬다.

4 두부마요네즈 재료를 믹서에 넣고 곱게 간 다음 브로콜리와 파프리카에 곁들여 도시락에 담는다.

5 맑은된장국을 끓인다. 두부는 1㎝ 크기로 깍둑 썰고 팽이버섯은 1㎝ 길이로 썬다. 쪽파는 송송 썬다. 냄비에 물과 두부, 팽이버섯을 넣어 끓이다가 일본된장을 푼 다음 불에서 내리고 쪽파를 넣는다.

tip 배합초에 설탕 대신 매실청을 넣어 만들었습니다. 초밥은 밥이 빨리 쉬거나 쉽게 딱딱해지지 않기 때문에 도시락으로 싸기에 좋습니다.

집에 있는 반찬을 활용한 알뜰 도시락

장조림을 곁들인
복분자약밥 도시락

복분자약밥 p.30
무말랭이무침 p.45
메추리알장조림 p.40

묵은지현미밥롤과
햄버그스테이크

묵은지현미밥롤 p.58
콩비지햄버그스테이크 p.80
멸치고추장볶음 p.41

달걀말이와 주꾸미볶음덮밥

명란젓부추달걀말이 p.32
채소 듬뿍 주꾸미볶음 p.56

임신 5개월에 접어들면 배가 제법 나와 임신부 태가 납니다.

입덧 증상이 줄어들고 점차 식욕도 늘어나니 이제야 비로소

임신부의 여러 가지 특권들을 누릴 시기가 된 거지요.

아직은 몸도 많이 무겁지 않을 때여서 음식을 만들어 먹기에

가장 좋은 시기이기도 합니다. 그동안 입덧으로 인해 양질의 음식을

섭취하지 못했다면 몸에 좋은 다양한 음식을 만들어보세요.

단, 자궁이 커지면서 위장이 눌려 소화가 잘 안 될 수 있고 임신성 변비가

생기기 쉬운 시기이니 식이섬유가 풍부한 식품을 많이 먹도록 하세요.

임신 6개월에는 임신중독증에 걸리지 않도록 아연이

풍부한 음식으로 예방하는 것도 중요해요.

이 시기에 도움이 되는 대표 식품

콩, 두부, 고구마, 양배추, 미역, 옥수수, 시래기, 단호박, 연근, 사과, 해산물 등

PART 3

변비를 예방하고 영양은 꼭꼭 채운 음식으로!

임신 5~6개월
태교 밥상

쯔유를
곁들인
동그랑땡

이렇게 준비해요

무 간 것 ½컵, 실파 2~3줄
기, 홍고추 ½개, 식물성 기
름 적당량

동그랑땡

두부(부침용)·다진 쇠고기·
다진 돼지고기 100g씩, 다진
파 2큰술, 다진 마늘·간장 1
작은술씩, 다진 생강 ½작은
술, 달걀 ½개분, 청주 1½큰
술, 소금·후춧가루 조금씩

쯔유

간장·맛술 ¼컵씩, 다시마
가다랑어포국물 1컵

만들어볼까요?

1 두부는 면포로 감싸 비틀어 물기를 짜면서 곱게 으깬 뒤 나머지
재료와 함께 볼에 넣고 섞어 잘 치댄다.

2 팬에 기름을 두르고 1의 반죽을 조금씩 떼어 동글납작하게 빚은
다음 양면을 노릇노릇하게 굽는다.

3 쯔유 재료를 냄비에 넣고 한소끔 끓인다.

4 2의 동그랑땡을 그릇에 올리고 뜨거울 때 쯔유를 끼얹은 다음 무
간 것과 송송 썬 실파, 홍고추를 올린다.

1

2

tip
쯔유를 만들기 번거롭다면 시판
제품을 구입해서 간편하게 사용
하세요.

임신부에게
좋은 재료
이야기

| **무**
고기나 생선을 구운 요리에 무 간 것을 곁들이면 소화도 잘되고 구울 때 발생하는 유해 성분 배출에
도 좋습니다.

잣콩국수

이렇게 준비해요

소면 2인분(160g), 노란콩(백태) 1컵, 잣 2큰술, 오이 ½개, 소금 · 통깨 조금씩

만들어볼까요?

1 노란콩은 씻어서 물을 넉넉히 부은 다음 하룻밤 정도 충분히 불린다.

2 냄비에 불린 콩을 넣고 잠길 정도로 물을 부은 다음 약한 불에서 콩 비린내가 나지 않을 때까지 푹 삶는다. 콩 삶은 물은 남겨둔다.

3 삶은 콩을 찬물에 담가 손으로 살살 비벼 콩깍지를 벗긴다.

4 믹서에 잣, 콩 삶은 물, 삶은 콩을 함께 넣어 곱게 갈고 물이 부족하면 생수를 붓는다.

5 곱게 간 콩물을 고운체에 거른 다음 냉장고에 넣어 차게 둔다.

6 소면을 삶아 찬물에 헹궈 그릇에 담고 콩물을 부은 뒤 채 썬 오이를 올리고 소금으로 간을 맞춘다. 통깨를 살짝 뿌려 마무리한다.

2

3

임신부에게 좋은 재료 이야기	**콩**

콩
콩은 체내의 중요한 조직을 구성하는 세포막의 주성분인 레시틴이 풍부해 임신부에게 좋습니다. 뇌의 발달과 활성화에도 유익해 태아 두뇌 발달에 효과적인 식품이지요. 콩은 여성의 몸에 매우 좋은 이소플라본 성분이 풍부하게 함유되어 있는데, 이 성분은 칼슘의 재흡수를 돕는 데도 큰 효과가 있어 임신 중에 약해진 뼈를 강화하는 데도 도움을 줍니다.

미트소스
펜네파스타

이렇게 준비해요

펜네 2인분(200g), 다진 쇠
고기·다진 돼지고기 100g
씩, 양파 ½개, 셀러리 1대, 양
송이버섯 4개, 완숙 토마토 3
개, 월계수잎 1장, 화이트와
인 ¼컵, 다진 마늘·밀가루
1작은술씩, 올리브유·파르
메산치즈가루 적당량씩, 소
금·후춧가루 조금씩

만들어볼까요?

1 양파와 셀러리, 양송이버섯은 다진다. 토마토는 끓는 물을 끼얹
  은 다음 찬물에 담가 껍질을 벗기고 다진다.

2 팬에 올리브유를 두르고 약한 불에서 다진 마늘과 다진 양파를
  넣어 향이 나도록 볶다가 다진 쇠고기와 돼지고기를 넣어 주걱
  으로 잘 흩어가며 보슬보슬하게 볶는다.

3 고기의 색깔이 변하면서 익으면 다진 셀러리와 양송이, 토마토
  를 넣어 볶는다.

4 화이트와인을 붓고 월계수잎과 밀가루를 넣어 약간 걸쭉해지도
  록 조린 다음 소금과 후춧가루로 간을 맞춘다.

5 냄비에 물을 넉넉히 붓고 약간 짠맛이 나도록 소금을 넣어 적정
  시간대로 펜네를 삶은 다음 그릇에 담아둔다.

6 5에 4의 소스를 얹고 파르메산치즈가루를 뿌린다.

2

4

tip
펜네나 푸실리와 같은 쇼트 파스타
는 국수 모양의 스파게티보다 익는
시간이 오래 걸리므로 충분히 부드
럽게 삶아서 먹도록 하세요.

임신부에게
좋은 재료
이야기

미트소스
단백질과 철분이 풍부한 쇠고기로 만든 미트소스는 새콤한 토마토와 담백한 쇠고기가 어우러져 임신
부의 입맛을 돋우기 좋은 소스랍니다. 쇠고기가 들어 있어 든든하고 집에서 직접 만들어 먹으면 신선
해서 좋아요. 넉넉히 만들어 냉동 보관해두면 필요할 때 요긴하게 사용할 수 있습니다.

콩비지
햄버그
스테이크

이렇게 준비해요

다진 쇠고기·다진 돼지고기
150g씩, 콩비지 ½컵, 양파·
청피망·홍피망 ⅓개씩, 통조
림옥수수 4큰술, 양상추 적
당량, 식물성 기름 조금

고기 양념
간장 3큰술, 청주·맛술 1½
큰술씩, 다진 마늘 ½큰술,
참기름 1큰술, 소금·후춧가
루 조금씩

만들어볼까요?

1 양파와 청피망, 홍피망은 모두 잘게 썬다. 통조림옥수수는 체를
   받쳐 물기를 빼둔다.

2 볼에 다진 쇠고기와 돼지고기를 넣고 엉키지 않게 잘 섞는다. 여
   기에 1과 콩비지를 넣어 고루 섞은 다음 고기 양념을 넣고 손으
   로 잘 치대어 반죽을 만든다.

3 2의 반죽을 손바닥 크기보다 작고 동글납작하게 빚은 다음 기름
   을 두른 팬에 올려 속까지 잘 익도록 뚜껑을 덮고 양면을 노릇노
   릇하게 굽는다.

4 그릇에 3을 담고 양상추를 곁들인다.

2

3

임신부에게	**콩비지**
좋은 재료	단백질이 풍부한 콩비지는 태아에게 훌륭한 영양 공급원이 됩니다. 또한 식물섬유가 풍부해 임신부
이야기	의 변비 완화에 도움을 줄 뿐 아니라 콩비지의 부드러운 식감이 햄버그스테이크를 더욱 연하게 하
	면서 맛에 깊이를 더해줍니다.

바지락 쌀국수

이렇게 준비해요

쌀국수(생면) 2인분, 바지락 250g, 숙주 100g, 홍고추 1개, 쪽파(또는 실파) 4~5대, 깻잎 2~3장, 상추잎 2장, 다진 마늘 1작은술, 국간장 ½큰술, 소금 · 후춧가루 조금씩, 물 3컵

만들어볼까요?

1 바지락은 소금물에 담가 해감을 뺀 다음 바락바락 문질러 씻는다.

2 숙주는 꼬리를 떼어 손질한다. 홍고추는 잘게 썰고 쪽파는 송송 썬다. 깻잎과 상추는 먹기 좋게 손으로 뜯는다.

3 냄비에 바지락을 넣고 물 5컵을 부어 끓인다. 중간에 떠오르는 거품을 걷으면서 끓이다가 바지락 껍데기가 벌어지면 홍고추를 넣고 다진 마늘과 국간장, 소금, 후춧가루로 간한다.

4 쌀국수는 제품에 표기된 방법대로 끓는 물에 삶아 체에 건진다.

5 그릇에 쌀국수를 나누어 담고 손질한 숙주를 얹은 후 팔팔 끓는 바지락국물을 끼얹는다. 쪽파와 깻잎, 상추를 소복하게 올린다.

2

3

임신부에게 좋은 재료 이야기	**바지락, 모시조개**
	바지락이나 모시조개는 조혈 작용을 하여 빈혈을 예방하고 혈액순환에 도움을 주는 식품입니다. 또한 소화가 잘되므로 국물 요리를 만들 때 사용하면 좋습니다.

시래기
옥수수밥

이렇게 준비해요

현미 2½컵, 무청 시래기(삶은 것) 200g, 옥수수 · 북어대가리 1개씩, 마른 다시마 5×10㎝ 1장, 마른 표고버섯 3개

무청시래기 양념

된장 ½큰술, 청주 2큰술, 들기름 1큰술, 다진 마늘 · 생강즙 1작은술씩

양념장

간장 3큰술, 다진 풋고추 · 홍고추 1작은술씩, 매실청 · 들기름 1큰술씩

만들어볼까요?

1 무청 시래기는 얇은 섬유질을 전부 벗겨내고 3~4㎝ 길이로 썬 다음 양념 재료를 넣어 조물조물 무쳐둔다.

2 옥수수는 찐 다음 알갱이만 칼로 저며 알알이 뜯는다.

3 현미는 씻어 3시간 이상 불린 뒤 밥솥에 안치고 밥물을 1.3배로 맞춘다.

4 다시마는 가위로 가늘게 자르고 마른 표고버섯은 잘게 부숴 3의 밥솥에 넣는다. 양념한 무청 시래기, 옥수수, 북어대가리도 모두 넣고 밥을 짓는다.

5 밥이 다 되면 북어대가리만 건져내고 주걱으로 고루 섞은 다음 양념장을 곁들여 낸다.

1   **3**

임신부에게 좋은 재료 이야기	**무청 시래기**
	무청을 햇볕에 말려 시래기를 만들면 칼슘의 체내 흡수를 돕는 비타민 D의 양이 증가합니다. 또한 식물섬유가 풍부하므로 임신부의 변비 예방에도 좋습니다. 다른 특별한 반찬 없이 양념장에 비벼 먹기만 해도 맛있는 영양밥이지요.

단호박
드라이커리

이렇게 준비해요

단호박 150g, 완숙 토마토 2개, 건포도 2큰술, 다진 돼지고기 150g, 다진 양파 ⅓개, 올리브유 · 우스터소스 1큰술씩, 다진 마늘 1작은술, 인스턴트 커리가루 3큰술, 간장 ⅓큰술, 소금 · 후춧가루 조금씩, 밥 2공기, 물 ½컵

만들어볼까요?

1 단호박과 토마토는 1.5㎝ 크기의 주사위 모양으로 썬다.

2 냄비나 오목한 팬에 올리브유를 두르고 다진 마늘과 다진 양파, 다진 돼지고기를 넣어 양파가 숨이 죽고 돼지고기가 보슬보슬해질 때까지 볶는다.

3 2에 단호박과 건포도를 넣어 조금 볶다가 커리가루를 넣어 고루 섞으면서 볶은 다음 토마토와 물 ½컵을 넣고 10분 정도 조린다.

4 3의 물기가 거의 없어지면 우스터소스와 간장, 소금, 후춧가루로 간한 다음 불을 끈다.

5 그릇에 밥을 담고 단호박커리를 끼얹어 낸다.

1

3

임신부에게
좋은 재료
이야기

커리
스파이시한 커리는 입맛이 떨어졌을 때 식욕을 돋우는 역할을 하며 신진대사를 원활하게 해줍니다. 일반적으로 촉촉하고 걸쭉하게 만드는 커리도 좋지만, 색다른 방법으로 드라이하게 만들어 밥을 비벼 먹어도 맛이 좋습니다.

생강소스 돼지고기 구이덮밥

이렇게 준비해요

돼지고기 목심(얇게 저민 것) 2장, 밥 2공기, 양상추잎 4장, 방울토마토 8개, 식초 1큰술, 녹말가루·식용유 적당량씩

생강소스
다진 생강 1½큰술, 청주 2큰술, 간장 3큰술, 물엿 1큰술, 설탕 ½큰술

만들어볼까요?

1 돼지고기는 종이타월에 싸서 핏물을 뺀다.

2 양상추는 잎을 뜯어 겹쳐서 채 썬 다음 먹기 직전까지 찬물에 담가둔다. 방울토마토는 2등분한다.

3 볼에 생강소스 재료를 넣고 섞는다.

4 1의 돼지고기에 녹말가루를 고루 얇게 무친 다음 식용유를 두른 팬에 양면을 노릇노릇하게 굽는다.

5 돼지고기가 잘 구워지면 생강소스를 끼얹고 소스가 걸쭉해질 때까지 약한 불에서 조리다가 마지막에 식초를 끼얹은 다음 불을 끈다.

6 그릇에 밥을 담고 5의 생강소스 돼지고기구이와 양상추와 방울토마토를 소복하게 올린다.

임신부에게 좋은 재료 이야기

생강즙
향긋한 생강은 밍밍하게 느껴지는 입안의 감각을 일깨우고 몸을 따뜻하게 해 신진대사도 도와줍니다. 돼지고기를 굽고 마지막에 생강즙을 조금 뿌리면 고기 특유의 냄새가 제거되어 느끼하지 않게 먹을 수 있어요. 생강즙 외에 식초나 레몬즙을 이용해도 좋아요.

임신 중 다이어트를 위한

살 안 찌는 간식·디저트

프룬가지잼과 통밀빵

이렇게 준비해요

프룬·화이트와인 1컵씩, 가지 2개, 올리고당 4큰술, 소금 조금

만들어볼까요?

1 프룬은 반으로 썰고 가지는 얇게 송송 썬다.

2 냄비에 1을 넣고 화이트와인과 올리고당, 소금을
   넣어 중간 불에서 푹 끓인다.

3 프룬이 뭉개질 정도로 부드러워지고 가지도 푹 물
   러 전체적으로 진득해질 때까지 조린다.

4 완성된 잼을 통밀빵에 발라 먹는다.

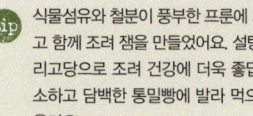 식물섬유와 철분이 풍부한 프룬에 가지를 넣
고 함께 조려 잼을 만들었어요. 설탕 대신 올
리고당으로 조려 건강에 더욱 좋답니다. 고
소하고 담백한 통밀빵에 발라 먹으면 잘 어
울려요.

홈메이드 채소칩

이렇게 준비해요

단호박·연근·고구마 적당량씩, 소금·황설탕 조금씩

만들어볼까요?

1 단호박, 연근, 고구마를 각각 찜통에서 살짝 찐다. 완전히 익지 않도록 3~5분 정도가 적당하다.

2 찐 단호박과 연근, 고구마를 얇게 저며 썬 다음 오븐 팬에 겹치지 않도록 올린다.

3 150℃로 예열한 오븐에서 30~40분간 구운 다음 소금이나 황설탕을 솔솔 뿌려 먹는다.

tip 채소칩을 보관할 때는 지퍼백에 넣어 공기를 뺀 뒤 상온에 두세요.

김부각

이렇게 준비해요

김 20장, 찹쌀가루 ½컵, 물 1컵, 소금 · 통깨 조금씩, 튀김기름 적당량

만들어볼까요?

1 김은 도톰하고 힘이 있는 것으로 고른다.

2 찹쌀가루와 물, 소금을 냄비에 넣고 거품기로 잘 푼 다음 불에 올리고 약한 불에
  서 저어가며 풀을 쑨다. 보글보글 끓인 다음 1분 정도 더 끓이다가 불을 끈다.

3 김을 펼친 다음 솔에 2의 찹쌀풀을 묻혀 김의 절반만 바르고 반으로 접는다.

4 통깨를 뿌릴 곳에 찹쌀풀을 조금씩 묻힌 뒤 통깨를 뿌린다.

5 김이 겹치지 않게 채반 위에 펼친 다음 볕이 좋고 바람이 잘 통하는 곳에서 하루
  이상 말린다. 완전히 마르기 전에 먹기 좋은 크기로 자른다.

6 160℃로 달군 튀김기름에 5를 넣어 바삭하게 튀긴다.

tip 전통 간식인 김부각은 의외로 만들기 쉬우니 한번 도전해보세요. 찹쌀풀을 쑤어 한소끔 식힌 다음 김에 발라
붙이고 튀기지 않은 채 마른 상태로 냉동 보관했다가 그때그때 튀겨 먹으면 됩니다.

오이키위셔벗

이렇게 준비해요
오이 1개, 키위 3개, 소금 조금

만들어볼까요?

1 오이와 키위를 믹서에 넣고 소금을 조금 넣은
  다음 곱게 간다.

2 1을 용기에 붓고 냉동실에 넣어 1시간 정도 얼
  린 다음 다시 믹서에 넣고 곱게 갈아 얼린다.

3 이 과정을 한 번 더 반복한 다음 숟가락이나 포
  크로 긁어내 그릇에 담는다.

tip 임신을 하면 소화가 안 되고 숨 쉬기도 답답해져서 종종 시원
한 음식을 찾게 되지요. 이럴 때 칼로리도 낮고 건강에도 좋은
셔벗을 직접 만들어보세요. 오이와 키위를 같이 갈아 시원하면
서 새콤달콤한 맛을 낸답니다.

토마토사과아이스크림

이렇게 준비해요

토마토 2개, 사과 1개, 소금 조금

만들어볼까요?

1 토마토는 한 입 크기보다 조금 크게 숭덩숭덩 썬다.

2 사과는 은행잎 모양으로 껍질째 얇게 썬다.

3 냄비에 토마토를 먼저 넣고 그 위에 사과를 올린 다음 소금을 조금 넣고 약한 불에서 뭉근하게 조린다.

4 사과의 숨이 완전히 죽고 토마토가 뭉개지도록 익으면 용기에 평평하게 펴서 넣어 냉동시킨다.

5 4를 믹서에 넣어 곱게 간 다음 다시 용기에 넣어 냉동시켰다가 숟가락으로 긁어 그릇에 담는다.

tip 토마토와 사과를 익혀서 아이스크림을 만들어 맛이 부드럽고 소화도 잘된답니다. 사과는 껍질째 사용해야 맛과 향이 더욱 좋습니다.

콩물두부푸딩

이렇게 준비해요

두부(부침용) 50g, 콩국물 · 물 70ml씩, 꿀 1½큰술, 통깨 3큰술,
젤라틴가루 1작은술, 물(젤라틴 불림용) 2큰술

만들어볼까요?

1 두부는 종이타월에 싸서 물기를 뺀다.

2 젤라틴가루에 물 2큰술을 넣어 불려둔다.

3 십자형 칼날이 있는 커터에 통깨를 넣고 아주 곱게
  갈아 페이스트 상태로 만든다.

4 3에 두부와 콩국물을 부어 더욱 곱게 간다.

5 4를 냄비에 붓고 물과 꿀을 넣어 한소끔 끓으면 불
  을 끄고 2의 불린 젤라틴을 넣어 녹인다.

6 5를 냄비째 얼음물 위에 대고 고무주걱으로 저어가
  며 식혀 약간 걸쭉해지면 컵이나 틀에 부어 냉장고
  에서 굳힌다.

tip 시판 콩국물은 봉지나 병에 든 것을 사용하면 됩니다. 통깨 대신 검
은깨로 만들어도 색다른 맛을 낼 수 있어요.

옛날 팥빙수

이렇게 준비해요

우유 3컵, 단팥(팥빙수용) 1컵, 견과류(호두 · 호박씨 · 해바라기씨) 4큰술, 대추칩 · 인절미(팥빙수용) · 연유 2큰술씩

만들어볼까요?

1 우유는 널찍한 쟁반에 부어 냉동실에서 얼린다.

2 견과류는 마른 팬에 고소하게 볶은 다음 호두만 거칠게 다져둔다.

3 얼린 우유를 믹서에 넣고 갈아 그릇에 소복하게 담고 단팥과 견과류, 대추칩, 인절미를 올린 다음 연유를 뿌린다.

tip 옛날 팥빙수의 소박하면서 시원하고 달콤한 맛은 임신 중의 갈증과 답답함을 해소하기에 적격입니다. 대추칩은 제과제빵 재료상이나 인터넷 쇼핑몰을 통해 쉽게 구입할 수 있으며 무첨가 식품이어서 평소 간식거리로도 좋아요.

무말랭이떡

이렇게 준비해요

무말랭이 ⅔컵, 표고버섯 2개, 간장 · 후춧가루 · 식용유 조금씩
반죽 멥쌀가루 1컵, 송송 썬 실파 3줄기분, 소금 ½작은술, 물 ½컵
겨자초간장 간장 2큰술, 식초 ½큰술, 올리고당 · 연겨자 1작은술씩

만들어볼까요?

1 무말랭이는 물에 부드럽게 불려 물기를 짠 다음 1㎝ 길이로 썬다.

2 표고버섯은 다진 후 간장과 후춧가루를 넣고 버무린다.

3 볼에 1과 2, 반죽 재료를 넣고 반죽한다. 이때 물은 조금씩 넣어가며 한 덩어리로 반죽한다.

4 반죽을 1㎝ 정도 두께로 네모지게 만들어 기름을 두른 팬에 올리고 뚜껑을 덮어 약한 불에서 양면을 노릇노릇하게 굽는다.

5 구운 무말랭이떡을 먹기 좋게 썬 다음 겨자초간장에 찍어 먹는다.

tip 무를 넣어 만드는 무떡은 소화가 잘되어 임신부도 부담 없이 먹을 수 있습니다. 무말랭이떡은 무의 영양 성분을 더욱 풍부하게 함유한 무말랭이를 사용해 팬에서 간편하게 구워 만드는 떡이랍니다.

홈메이드 너트바

이렇게 준비해요

현미시리얼 · 견과류(호두 · 호박씨 · 해바라기씨 · 아몬드) 2컵씩, 말린 과일(프룬 · 크랜베리) 1컵, 통깨 · 검은깨 2큰술씩, 조청 200g, 기름 조금

만들어볼까요?

1 시리얼은 비닐봉지에 넣고 입구를 잘 오므린 다음 밀대로 밀어 잘게 부순다.

2 호두와 아몬드는 호박씨 크기에 맞춰 다진다.

3 프룬은 크랜베리 크기에 맞춰 썬다.

4 마른 팬에 견과류를 넣고 고소한 향이 나도록 볶다가 말린 과일을 넣어 볶는다. 이어서 시리얼과 통깨, 검은깨를 넣고 타지 않도록 고소한 향이 날 때까지 볶는다.

5 불을 약하게 줄인 다음 조청을 고루 끼얹고 주걱으로 잘 버무려가며 끈적끈적한 실이 생길 때까지 조린다.

6 사각 쟁반이나 용기에 기름을 얇게 바른 다음 5를 넣고 뜨거울 때 주걱으로 꾹꾹 눌러 평평하게 모양을 잡는다.

7 식으면 꺼내어 먹기 좋은 크기로 썬다.

tip 간식이지만 한 개를 먹어도 속이 든든한 너트바입니다. 견과류와 말린 과일류는 그때그때 있는 재료로 대체할 수 있으니 다양하게 만들어보세요.

프룬오트밀죽

이렇게 준비해요

오트밀 ½컵, 두유 1½컵, 프룬 4개, 호두 1큰술, 소금 조금

만들어볼까요?

1 냄비에 오트밀과 두유를 넣어 섞은 다음 약한
  불에서 뭉근하게 끓인다.

2 오트밀이 크림 상태로 풀어지면 소금으로 살짝
  간한다.

3 프룬은 2~4등분으로 썰고 호두는 마른 팬에
  고소하게 볶아 거칠게 다진다.

4 2에 3을 섞어 먹는다.

tip 식물섬유가 풍부한 오트밀에 두유를 넣어 죽을 끓이고 역시 식
물섬유와 철분이 풍부한 프룬을 곁들여 만들었습니다. 임신 기
간 중에 변비를 예방하는 간식으로 좋아요.

PART 3
임신 5~6개월 태교 밥상

부쩍 배가 불러오는 시기이므로 속이 편하고 소화가 잘되는 음식을

섭취하는 것이 무엇보다 중요합니다. 엄마가 섭취한 영양소는

태아에게 그대로 전달되는데, 특히 7~8개월 무렵은 태아의 성장이

급격히 이루어지고 태아의 두뇌 발달에 매우 중요한 시기이므로

엄마는 단백질이 풍부한 음식을 많이 먹도록 하세요.

하지만 태아의 성장이 빨라지면서 엄마의 체중도 급격히 늘어나 임신성 비만과

빈혈도 염려되니 기름진 음식은 피하고 철분이 많은 식품을 섭취하며

규칙적으로 적당한 운동을 해야 합니다. 맑은 공기를 쐬며 산책을 하다 보면

기분 전환에도 도움이 된답니다. 임신 후기로 갈수록 임신중독증이나 부종에 대비해

염분과 수분을 제한하는 식습관을 들이는 연습이 필요하다는 것도 잊지 마세요.

이 시기에 도움이 되는 대표 식품

오이, 토마토, 배추, 브로콜리, 아보카도, 마, 우엉, 오징어, 가자미, 닭고기, 잡곡, 곤약 등

PART 4

소화가 잘되고 철분·단백질이 풍부한 밥상으로!

임신 7~8개월
태교 밥상

샤브샤브
양파마늘종
샐러드

이렇게 준비해요

쇠고기(샤브샤브용) 200g,
양파 ½개, 배 ¼개, 마늘종 5
대, 무순 조금

드레싱
양조간장 2½큰술, 매실청 2
큰술, 현미식초 1큰술, 올리
고당 ½큰술, 멸치액젓 · 다
진 마늘 · 참기름 1작은술씩,
후춧가루 조금

만들어볼까요?

1 양파와 배는 얇게 채 썬다. 마늘종은 5~6cm 길이로 썬 다음 얇고
 어슷하게 썬다.

2 쇠고기는 끓는 물에 살짝 데쳐 찬물에 건진 다음 물기를 뺀다.

3 볼에 드레싱 재료를 모두 넣고 잘 섞는다.

4 그릇에 쇠고기를 담고 양파와 배, 마늘종, 무순을 섞은 다음 드
 레싱을 끼얹는다.

임신부에게
좋은 재료
이야기

저지방 육류
지방이 적은 홍두깨살 등을 얇게 저며 데쳐 먹는 조리 방식은 양질의 단백질을 섭취하는 데도 좋을
뿐더러 소화도 잘되어 임신부에게 좋습니다. 양파와 마늘종 같은 향신채를 듬뿍 곁들여 샐러드로 만
들어 드셔보세요.

혼합잡곡
샐러드

이렇게 준비해요

혼합잡곡 ½컵, 붉은 파프리카 · 노란 파프리카 ⅛개씩, 오이 1개, 양상추잎 2장, 비타민 20g, 아몬드 2큰술

드레싱
엑스트라 버진 올리브유 3큰술, 발사믹식초 1½큰술, 간장 1큰술, 꿀 1작은술, 소금 · 후춧가루 조금씩

만들어볼까요?

1 혼합잡곡은 깨끗이 씻어 냄비에 넣고 물을 넉넉히 부어 삶는다. 잡곡이 모두 부드럽게 익되 퍼지지 않는 정도가 적당하다.

2 파프리카와 오이는 1㎝ 크기의 정사각형으로 썰고 양상추와 비타민도 같은 크기로 썬다.

3 아몬드는 마른 팬에 고소하게 볶은 후 칼로 거칠게 다진다.

4 준비한 재료를 모두 섞어 그릇에 담고 드레싱 재료를 섞어 끼얹는다.

1

3

| 임신부에게 좋은 재료 이야기 | **혼합잡곡** 잡곡은 임신부에게 필요한 각종 영양을 손쉽게 섭취할 수 있는 훌륭한 식품입니다. 여러 가지 잡곡이 없을 때는 보리나 율무, 흑미 중 한 가지만 삶아 만들어도 한 끼 식사로 든든한 곡물샐러드가 됩니다. |

두부
아보카도
토마토샐러드

이렇게 준비해요

두부(생식용) ½모, 아보카도 1개, 방울토마토 10개

드레싱

피넛버터 · 레몬즙 1½큰술씩, 참기름 ½큰술, 고추씨기름 ½작은술, 다진 마늘 1작은술, 설탕 1큰술, 간장 3큰술

만들어볼까요?

1 두부는 종이타월로 두껍게 싸서 냉장고에 넣고 30분 이상 물기를 뺀 다음 1.5㎝ 폭의 주사위 모양으로 썬다.

2 아보카도는 칼날을 길쭉하게 돌려 넣어 반으로 쪼개 씨를 빼내고 껍질을 깎은 다음 1.5㎝ 폭의 주사위 모양으로 썬다.

3 방울토마토는 작은 것은 2등분, 큰 것은 4등분한다.

4 드레싱 재료를 레시피 순서대로 볼에 넣으며 섞는다.

5 두부와 아보카도, 방울토마토를 볼에 담고 드레싱을 넣어 살짝 버무린다.

1

2

임신부에게 좋은 재료 이야기

아보카도

아보카도에는 체내의 나쁜 콜레스테롤 수치는 낮추고 좋은 콜레스테롤 수치는 높이며 혈행을 원활하게 하는 좋은 기름 성분이 들어 있습니다. 아보카도는 껍질이 초록색인 것보다 검은빛이 도는 것이 부드럽게 잘 익은 것입니다.

새우
얼갈이배추
샐러드

이렇게 준비해요

새우(중하) 8마리, 얼갈이배추 200g, 오이고추 3개, 양파 · 홍고추 ½개씩

드레싱
쌀눈유 3큰술, 레몬즙 1½큰술, 꿀 ½큰술, 양조간장 1큰술, 소금 · 후춧가루 조금씩

만들어볼까요?

1 새우는 씻어서 끓는 물에 살짝 데친 후 찬물에 건져 머리를 떼고 껍질을 벗긴다.

2 얼갈이배추는 여린 속대를 골라 먹기 좋게 뜯는다.

3 오이고추와 양파, 홍고추는 모두 채 썬다.

4 1~3의 재료를 모두 섞어 그릇에 담은 뒤 드레싱을 뿌려 버무린다.

2

3

임신부에게
좋은 재료
이야기

얼갈이배추
싱싱한 얼갈이배추는 비타민 C와 칼슘, 섬유질이 풍부해 임신부에게 영양제와 같은 식품입니다. 아삭한 식감이 산뜻해 여린 속대는 생으로 먹고 나머지는 끓는 물에 데쳐 물기를 꼭 짜 냉동실에 보관하면 나중에 맛있는 된장국을 끓일 수 있어요.

곤약버섯
잡채

이렇게 준비해요

실곤약 400g, 표고버섯 2개, 양파 ¼개, 당근 ⅛개, 시금치 50g, 다진 마늘 ½작은술, 청주 1큰술, 유기농 황설탕 ½큰술, 간장 3큰술, 소금·후춧가루·참기름·깨소금 조금씩, 쌀눈유 적당량

만들어볼까요?

1. 실곤약은 넉넉히 끓인 물에 소금을 조금 넣고 3~4분간 삶는다. 찬물에 여러 번 헹궈 잡냄새를 제거한 뒤 체를 받쳐 물기를 뺀다.

2. 표고버섯과 양파, 당근은 채 썬다. 시금치는 뿌리의 지저분한 부분만 약간 제거한 뒤 뿌리째 다듬어 끓는 물에 데친 다음 3~4㎝ 길이로 썰고 물기를 꼭 짠다.

3. 2의 양파는 쌀눈유를 약간 두른 팬에 살짝 볶으면서 소금, 후춧가루로 간해 건져둔다. 당근도 볶아 소금과 후춧가루로 간한 다음 건져놓고, 표고버섯은 볶으면서 간장으로 살짝 간한 다음 건져둔다. 데친 시금치는 간장과 참기름으로 버무린다.

4. 팬에 쌀눈유를 두르고 실곤약을 넣어 볶으면서 다진 마늘과 청주, 황설탕, 간장을 넣어 간한 다음 물기가 없어질 때까지 볶는다.

5. 모든 재료를 한데 섞은 다음 참기름과 깨소금을 뿌린다.

1

4

임신부에게 좋은 재료 이야기	**곤약**
	임신 후기에는 건강도 신경 써야 하지만 체중이 너무 증가하는 것도 주의해야 하므로 고칼로리 음식을 지속적으로 먹는 것을 자제해야 합니다. 당면 대신 저칼로리 식품 곤약으로 만든 곤약잡채는 배가 출출하거나 허기질 때 먹으면 좋은 음식입니다.

닭안심
숙주무침

이렇게 준비해요

닭안심 4장, 숙주 300g, 오이 1개, 삶은 달걀 2개, 청주 1큰술, 소금 ½작은술

소스

간장 4큰술, 설탕 1큰술, 현미 식초·참기름 2큰술씩, 두반장 ½큰술, 다진 마늘 1작은술

만들어볼까요?

1 닭안심은 소금과 청주로 살짝 버무린 후 팬에 기름을 조금 두르고 갈색이 나도록 양면을 구운 다음 손으로 먹기 좋게 찢는다.

2 숙주는 머리와 꼬리를 떼고 끓는 물에 소금을 조금 넣어 10초 정도 살짝 데친 후 찬물에 헹구고 물기를 뺀다.

3 오이는 곱게 채 썰고 삶은 달걀은 4등분한다. 소스 재료를 섞어 준비해둔다.

4 볼에 소스를 절반 분량만 넣고 숙주와 닭안심을 넣어 살짝 버무린다.

5 그릇에 채 썬 오이를 깔고 4를 얹은 다음 삶은 달걀을 올리고 남은 소스를 끼얹는다.

1

4

임신부에게
좋은 재료
이야기

닭안심·닭가슴살
다양한 요리에 사용하는 닭안심과 닭가슴살은 지방과 칼로리가 적은 양질의 단백질 급원 식품입니다. 닭안심은 닭가슴살에 비해 육질이 더 부드러워 삶아도 맛있게 먹을 수 있으므로 굽는 대신 물에 삶는 조리법으로도 활용해보세요.

청경채
바지락청주찜

이렇게 준비해요

청경채 5포기, 바지락·팽이버섯 ½봉씩, 홍고추 ½개, 마늘 2쪽, 청주 ⅓컵, 국간장 ½큰술, 소금 조금

만들어볼까요?

1 청경채는 2~4등분으로 길게 가른다. 팽이버섯은 밑동을 떼어내고 길이를 반으로 썬다. 홍고추는 어슷하게 썰고 마늘은 저민다.

2 냄비에 1과 바지락을 담고 청주를 뿌려 뚜껑을 덮은 채 3~4분 정도 가열한 다음 뚜껑을 열어 바지락 껍데기가 벌어졌으면 불을 끈다.

3 국간장과 소금으로 간을 맞춘다.

1

2

임신부에게 좋은 재료 이야기

청경채
청경채에는 비타민 A를 비롯해 칼슘, 철 등 미네랄이 풍부합니다. 비타민이 풍부해 감기 초기에 먹으면 효과적이지요. 변비에 걸린 임신부에게도 도움이 될 뿐더러 위의 상태를 조절하는 역할을 해 속이 메스꺼울 때 먹으면 좋답니다.

가자미
무조림

이렇게 준비해요

가자미 1마리, 무 3cm 1토막, 감자 · 풋고추 2개씩, 양파 ½개, 홍고추 1개, 굵은 파 1대, 다시마(10×3cm) 1장

조림장

고춧가루 · 청주 3큰술씩, 다진 마늘 · 양조간장 1큰술씩, 다진 생강 1작은술, 물엿 1½큰술, 소금 · 후춧가루 조금씩

만들어볼까요?

1 가자미는 잔 비늘을 긁어낸 다음 머리와 내장을 제거하고 2~3토막을 낸다.

2 무는 1cm 두께의 은행잎 모양으로 썰고 감자는 1.5cm 두께로 동그랗게 썬다. 양파는 1cm 너비로 썬다. 홍고추와 풋고추, 굵은 파는 어슷하게 썬다.

3 밑이 납작한 냄비에 무를 깔고 물을 자박자박하게 부은 다음 다시마 1장을 넣고 무가 반투명해질 때까지 끓인다.

4 3에 감자를 고루 얹고 조림장을 ⅓ 정도 끼얹은 다음 가자미를 얹고 그 위에 남은 조림장과 물을 ⅓컵 정도 더 붓고 조린다. 중간에 가끔씩 조림장을 숟가락으로 끼얹어 양념이 고루 배도록 한다.

5 감자가 푹 익으면 양파와 홍고추, 풋고추, 굵은 파를 넣고 한소끔 더 끓인 다음 불에서 내린다.

3

4

임신부에게 좋은 재료 이야기

가자미

흰살생선 가자미는 체내의 연골과 피부 조직을 만드는 데 꼭 필요한 콜라겐이 풍부한 생선입니다. 또한 각종 비타민 성분이 풍부하게 함유되어 있어 피부 미용, 칼슘 흡수, 스트레스 해소 등 다양한 효능이 있지요. 위에 부담이 적고 소화가 잘되어 임신부가 먹기에 좋습니다.

마오징어
샐러드

이렇게 준비해요

마 70g, 오징어 1마리, 무 3cm
1토막, 굵은 파 흰 대 1대분,
무순 조금

드레싱

쌀눈유 3큰술, 유자청 · 연겨
자 ½큰술씩, 레몬즙 1½큰
술, 양조간장 1작은술, 소금
⅓작은술

만들어볼까요?

1 마와 무는 껍질을 깎고 4~5cm 길이로 채 썬다. 굵은 파 흰 대도
  같은 길이로 채 썬다.

2 오징어는 껍질을 벗기고 끓는 물에 살짝 데친 다음 찬물에 헹궈
  물기를 뺀다. 몸통만 4~5cm 길이로 가늘게 채 썬다.

3 1과 2를 섞어 그릇에 담고 드레싱을 끼얹은 후 무순을 올린다.

1

2

임신부에게 좋은 재료 이야기	**오징어**
	오징어에는 혈압을 조절하고 소화 기능을 좋게 하며 당뇨병을 비롯한 성인병을 예방하는 효능이 있어요. 임신 중기 이후로 갈수록 임신성 당뇨와 과체중을 주의해야 하는데 오징어야 말로 이 시기에 꼭 맞는 식품이에요. 콜레스테롤 함량은 좀 높은 편이니 과다 섭취는 피하도록 하세요.

단호박브로콜리
닭날개조림

이렇게 준비해요

닭날개 6장, 단호박 100g, 브로콜리 ½개, 유자청 1½큰술, 청주 ½컵, 양조간장·생강즙 1큰술씩, 물 1컵, 소금·후춧가루·밀가루·올리브유 적당량씩

만들어볼까요?

1 닭날개는 살집이 두툼한 곳에 칼집을 두세 군데 넣은 다음 생강즙과 소금, 후춧가루를 뿌려둔다.

2 단호박은 필러로 얇게 저민다. 브로콜리는 봉오리를 나눈 다음 저며 썬다.

3 1의 닭날개에 밀가루를 얇게 묻힌 다음 올리브유를 두른 팬에 갈색이 나도록 양면을 구워 꺼낸다.

4 3의 팬을 종이타월로 닦아낸 다음 유자청을 넣어 살짝 볶고 청주를 부어 한소끔 끓인다. 구운 닭날개를 넣고 양조간장과 물을 부어 한소끔 더 끓인다.

5 4에 단호박과 브로콜리를 넣고 단호박이 부서지지 않을 정도로 조린 다음 소금과 후춧가루로 간을 맞춘다.

임신부에게 좋은 재료 이야기

단호박
면역력을 높여주는 베타카로틴이 풍부하며 눈을 건강하게 해 임신 중 나빠지기 쉬운 시력을 보호해줍니다. 감기를 예방하는 효과도 있고 출산 후 부기를 빼는 데도 효과적이에요.

입덧도 가라앉고 기분도 좋아지는

영양 음료 5가지

현미식혜

이렇게 준비해요

현미죽 2½컵, 엿기름 2컵(약 100g), 물 6컵
현미죽 현미 1컵, 물 5컵, 소금 조금

만들어볼까요?

1. 엿기름에 물 4컵을 부어 불린 뒤 잘 주물러 체를 받쳐 거른다. 거른 엿기름에 물 2컵을 붓고 다시 한번 주물러 체를 받쳐 물을 내린다.
2. 현미죽을 전기밥솥에 담고 1을 부어 보온 상태에서 하룻밤 삭힌다.
3. 2를 믹서에 부어 곱게 간 다음 냄비에 부어 한소끔 끓인다.
4. 현미식혜가 완성되면 냉장고에서 식혔다가 생강청이나 꿀을 타서 먹는다.

> **tip** 쌀의 영양과 에너지가 가득한 현미를 발효시켜 만들어 백미로 만든 식혜보다 영양이 풍부하고 고소합니다. 쉽게 지치고 기분 변화가 심한 임신부의 음양 균형을 잡아주는 마크로비오틱 음료랍니다.

양송이사과 카푸치노

이렇게 준비해요

양송이버섯 6개, 사과 1개, 두유 2컵, 올리브유 2작은술, 소금·시나몬파우더 조금씩

만들어볼까요?

1. 양송이버섯과 사과는 얇게 저민다.
2. 팬에 올리브유를 두르고 1의 양송이와 사과를 넣어 약한 불에서 숨이 죽도록 천천히 볶는다.
3. 따뜻하게 데운 두유와 2를 믹서에 넣고 곱게 간 뒤 소금으로 간하고 컵에 따른다. 카푸치노 스타일의 음료가 완성되는데, 여기에 시나몬파우더를 뿌려 마셔도 좋다.

> **tip** 임신부는 커피를 자제해야 하니 커피 대신 볶은 곡물을 이용해 카푸치노풍으로 만든 음료를 즐겨보세요. 양송이버섯은 저열량 고단백 식품으로 체중 조절에도 효과적이고, 임신부가 주의해야 할 당뇨와 고혈압 예방에도 도움을 주는 식품이에요. 양송이와 사과를 볶을 땐 갈색이 돌 때까지 천천히 볶아 단맛과 향을 내는 것이 중요합니다.

우엉두유수프주스

이렇게 준비해요

양파 ¼개, 식물성 기름 2작은술, 우엉 ¼대, 마 5cm 1토막, 물·
두유 1컵씩, 메이플시럽 2큰술, 소금 조금

만들어볼까요?

1 냄비에 기름을 두르고 얇게 채 썬 양파를 넣어 숨이
   죽도록 약한 불에서 갈색이 돌 때까지 볶다가 얇고
   어슷하게 썬 우엉을 넣어 함께 볶는다.

2 우엉의 숨이 죽고 살짝 색이 돌기 시작하면 얇게
   송송 썬 마를 넣고 물을 부어 마가 부드러워질 때
   까지 5분 정도 끓인다.

3 2와 두유, 메이플시럽을 믹서에 넣어 곱게 간 다
   음 냄비에 부어 따뜻하게 데우고 소금으로 간을
   맞춘다.

tip 양파와 우엉을 천천히 오랫동안 볶으면 재료 고유의 단맛이 우러납
니다. 이것을 마와 함께 곱게 갈면 맛도 좋을 뿐 아니라 임신부의 변
비 예방과 장 건강에 좋은 음료가 됩니다.

곶감감잎차주스

이렇게 준비해요

곶감말랭이(반건시) ½컵, 감잎차 우린 물 2컵,
꿀 1큰술, 시나몬파우더 조금

만들어볼까요?

1 감잎차 우린 물에 곶감말랭이를 넣
  어 1시간 정도 불린다.

2 믹서에 1과 꿀을 넣고 곱게 간다.

3 컵에 담고 입맛에 따라 시나몬파우
  더를 뿌려 마신다.

tip 카페인이 없으면서 비타민 C가 풍부한 감잎차는
임신부가 즐겨 마시기에 안성맞춤입니다. 여기
에 곶감을 넣으면 속 든든한 간식 겸 훌륭한 음
료가 됩니다.

단호박핫드링크

이렇게 준비해요

단호박 ⅛개, 현미식혜(p.124 참조) 2컵, 유기농 쌀겨가루 1큰술,
생강즙 1작은술

쌀의 껍질과 쌀눈을 포함한 쌀겨가루는 식이섬유가 풍부해 임신부
의 변비 예방에 탁월한 효능이 있어요. 단백질과 지방, 비타민, 칼슘
과 철분까지 함유하고 있으니 임신부에게 좋은 식품임에 틀림없지
요. 쌀겨가루는 인터넷 쇼핑몰에서 쉽게 구입할 수 있어요.

만들어볼까요?

1 단호박은 껍질째 씻어 푹 찐다.

2 1의 단호박과 현미식혜(집에서 만든 현미식혜가 없
   을 때는 시판 식혜로 만들어도 좋다.), 쌀겨가루,
   생강즙을 믹서에 넣고 곱게 간다.

3 2를 냄비에 담아 따끈하게 데워 먹는다.

출산이 한 달여밖에 남지 않았으니 몸과 마음이 긴장되고 힘든 시기일 거예요.

아기를 만난다는 설렘도 잠시, 무거워진 몸과 초조한 마음에 태교에도

집중하기 어려운 때이지요. 태아가 많이 자라 배 속을 꽉 채우고 있으니

소화불량과 변비가 심해지고 얼굴과 손발 등이 많이 붓게 됩니다.

눈가에 기미도 올라와 여러 가지 외모의 변화에 속상하기까지 할 거예요.

건강하게 아기를 만나기 위해 지금까지 잘해왔던 것처럼

조금만 더 몸과 마음을 다독여보세요. 편안한 음악을 들으며

힐링 푸드를 섭취하는 거예요. 음식은 되도록 고단백, 저칼로리,

저염분을 위주로 하고 혈액순환에 도움이 되며 비타민이 풍부한 식품이 좋습니다.

이 시기에 도움이 되는 대표 식품

고구마, 검은콩, 우엉, 율무, 팥, 뿌리채소, 단호박, 해초, 청국장, 커리 등

PART 5

혈액순환과 심신의 안정까지 두루 챙긴 음식으로!

임신 9개월~마지막 달
태교 밥상

해초
사과샐러드

이렇게 준비해요

모둠해초(염장) 300g, 굵은
파 흰 대 1대분, 홍피망 · 사
과 ¼개씩

양파드레싱
양파 ⅛개, 쌀눈유 3큰술, 현
미식초 1½큰술, 올리고당 1큰
술, 소금 · 후춧가루 조금씩

만들어볼까요?

1 모둠해초는 물을 여러 번 바꿔가며 담가두어 짠맛을 뺀 다음 먹
기 좋게 썬다.

2 굵은 파 흰 대와 홍피망은 채 썬다. 사과는 은행잎 모양으로 얇
게 썬다.

3 양파드레싱 재료를 커터에 넣고 곱게 간다.

4 1과 2의 재료를 한데 섞고 양파드레싱을 끼얹는다.

1

3

임신부에게
좋은 재료
이야기

해조류
해조류는 태아의 성장에 좋을 뿐만 아니라 체내 대사를 활발하게 해줍니다. 또한 불안하고 초조한
신경을 안정시키는 효과가 있지요. 모둠해초는 소금에 절인 미역, 다시마, 꼬시래기, 모자반, 톳 등이
있어요.

생청국장
고기볶음
상추쌈

이렇게 준비해요

다진 쇠고기·돼지고기 100g
씩, 다진 파 2큰술, 다진 마늘
1작은술, 다진 생강 ½작은
술, 청양고추 1개, 홍고추 ½
개, 생청국장 2팩(200g), 청
주·간장 2큰술씩, 고추장·
고춧가루 1작은술씩, 후춧가
루 조금, 상추·식물성 기름
적당량씩

만들어볼까요?

1 팬에 기름을 두르고 약한 불에서 다진 파와 마늘, 생강을 넣어
   향이 나도록 볶다가 다진 쇠고기와 돼지고기를 넣고 주걱으로
   흩으면서 보슬보슬하게 볶는다.

2 1에 청주를 뿌리고 생청국장, 얇게 송송 썬 청양고추와 홍고추
   를 넣어 볶는다.

3 어느 정도 볶아지면 고추장과 고춧가루, 간장, 후춧가루를 넣고
   잘 섞어 양념한다.

4 3을 그릇에 담고 상추를 곁들여 쌈을 싸 먹는다.

1 **2**

임신부에게 | **청국장**
좋은 재료 | 청국장은 유산균이 풍부해 장 기능을 돕고 몸의 면역력도 높여주는 좋은 재료입니다. 생청국장을 넣
이야기 | 어 고기 양을 줄이고 변비에 좋은 상추를 곁들이면 임신부에게 훌륭한 요리가 됩니다.

오코노미야키를
흉내 낸
마부침개

이렇게 준비해요

마 15cm, 송송 썬 김치 ⅔컵,
포도씨유 · 참기름 1큰술씩,
소금 · 가다랑어포 조금씩

양념장
송송 썬 쪽파 4~5대분, 간
장 · 식초 2큰술씩, 올리고
당 · 참기름 1큰술씩

만들어볼까요?

1 마는 필러를 이용해 껍질을 벗긴 다음 반은 강판에 갈고 반은 얇
  게 썬다.

2 송송 썬 김치는 물기를 꼭 짠다.

3 볼에 1의 마와 2의 김치를 넣고 소금으로 간한 다음 섞는다.

4 달군 팬에 포도씨유와 참기름을 두른 다음 3을 붓고 센 불에서
  양면을 노릇노릇하게 지진다.

5 4 위에 가다랑어포를 올리고 양념장 재료를 섞어 곁들인다.

1

4

임신부에게
좋은 재료
이야기

마
마는 기를 보강하여 체력을 증진시키는 스태미나 식품입니다. 또한 저칼로리 다이어트 식품으로 소
화가 잘되어 위장 기능이 저하되고 예민해진 상태인 임신부에게 추천할 만합니다. 마는 샐러드 재료
로도 좋고 나박나박 썰어 고추냉이간장에 찍어 먹어도 맛있어요.

단호박
고구마샐러드

이렇게 준비해요

단호박 ¼개, 밤고구마 2개,
연근 2cm 1토막, 호박씨 2큰
술, 식용유 조금

머스터드요구르트드레싱
플레인 요구르트 100g, 홀그
레인 머스터드 1작은술, 마요
네즈 2큰술, 레몬즙 1큰술, 소
금·후춧가루 조금씩

만들어볼까요?

1 단호박과 고구마는 껍질째 찜통에 넣고 푹 익도록 찐다. 단호박
 은 3cm 너비로 썬 다음 1cm 두께로 썰고, 고구마는 3~4cm 길이
 에 1cm 두께의 막대기 모양으로 썬다.

2 연근은 얇게 썬 다음 팬에 식용유를 조금 붓고 바삭하게 튀긴다.
 튀긴 연근을 건져내고 같은 팬에 호박씨도 고소하게 튀긴다.

3 머스터드요구르트드레싱 재료를 볼에 넣고 고루 섞는다.

4 1의 단호박과 고구마를 섞은 뒤 드레싱으로 버무리고 연근과 호
 박씨를 뿌린다.

1

2

tip
단호박고구마샐러드는 샌드위치
속 재료로도 유용합니다. 샌드위
치를 만들 때 이 샐러드를 속 재
료로 넣어보세요.

임신부에게
좋은 재료
이야기

고구마
고구마는 칼륨과 식이섬유가 풍부해 몸속의 불필요한 염분을 배출시키고 변비를 예방하는 데 도움
을 줍니다. 또한 녹말 성분이 많아 밥 대신 먹어도 포만감을 느끼기에 충분하지요. 샐러드로 먹을 고
구마는 살이 단단한 밤고구마가 좋아요.

검은콩 발사믹샐러드

이렇게 준비해요

검은콩(서리태) ⅓컵, 아보카도 ½개, 붉은 파프리카 · 노란 파프리카 ⅛개씩, 생모차렐라치즈 1봉(150g), 엑스트라 버진 올리브유 3큰술, 발사믹식초 1½큰술, 소금 · 후춧가루 조금씩

만들어볼까요?

1 검은콩은 하룻밤 정도 물에 담가 충분히 불린 다음 물을 넉넉히 붓고 부드럽게 삶는다.

2 아보카도와 파프리카, 생모차렐라치즈는 사방 1㎝ 크기의 주사위 모양으로 썬다.

3 1과 2를 섞은 다음 올리브유와 발사믹식초를 넣어 버무리고 소금과 후춧가루로 간을 맞춘다.

1

2

tip
콩샐러드를 만들 때는 검은콩을 충분히 불린 다음 부드럽게 푹 삶아야 다른 재료와 잘 어우러져 맛있게 먹을 수 있어요.

임신부에게 좋은 재료 이야기

검은콩, 아보카도
검은콩에는 우리 몸에 꼭 필요한 필수지방산이 풍부하고, 아보카도에는 혈액을 맑게 하면서 혈행을 원활하게 하는 지방산이 함유되어 있어 임신부가 건강한 지방을 섭취하기에 좋습니다.

고구마우엉 커리수프

이렇게 준비해요

고구마 1개, 우엉 ⅓개, 양파 ¼개, 다진 마늘 1작은술, 월계수잎 1장, 인스턴트 커리가루 2작은술, 물 4컵, 올리브유·소금·후춧가루 조금씩

만들어볼까요?

1 고구마는 깨끗이 씻은 다음 껍질째 5~6㎝ 길이의 막대 모양으로 썬다.

2 우엉은 연필을 깎듯이 칼로 쳐서 저미고 양파는 1㎝ 크기의 정사각형으로 썬다.

3 냄비에 올리브유를 두르고 다진 마늘과 양파를 넣어 약한 불에서 향이 나도록 볶는다.

4 3에 고구마와 우엉을 넣어 볶다가 월계수잎과 커리가루를 넣어 섞는다.

5 물을 붓고 20분 정도 끓이다가 고구마가 부드럽게 익으면 소금과 후춧가루로 간을 맞춘다.

2

4

tip
식물섬유가 풍부한 고구마와 우엉으로 수프를 만들었어요. 커리 향이 은은하게 더해져 입맛을 돋울 수 있습니다.

임신부에게 좋은 재료 이야기 | **뿌리채소**
뿌리채소로 끓인 수프는 임신부의 몸을 따뜻하게 하고 태아의 피부를 건강하게 하는 데에도 도움을 줍니다. 우엉이 없을 때는 연근을 사용해보세요. 영양 만점 수프로 속까지 편안해진답니다.

율무
완두콩샐러드

이렇게 준비해요

율무 ⅓컵, 완두콩 1컵, 영양
부추 50g

드레싱
엑스트라 버진 올리브유 3큰
술, 레몬즙 1큰술, 다진 바질
(또는 파슬리) · 올리고당 1작
은술씩, 소금 · 후춧가루 조
금씩

만들어볼까요?

1. 율무는 깨끗이 씻어서 물을 넉넉히 붓고 부드럽게 삶은 다음 찬
   물에 헹궈 체에 건져둔다.

2. 완두콩은 소금을 조금 넣은 끓는 물에 삶는다. 콩이 물 위로 동
   동 떠오르면 1분 정도 더 삶고 불을 끈 다음 식을 때까지 그대로
   두었다가 체로 건진다.

3. 영양부추는 4~5㎝ 길이로 썬다.

4. 2의 완두콩을 볼에 넣고 절굿공이로 듬성듬성 으깬다.

5. 드레싱 재료를 모두 볼에 넣고 섞는다.

6. 율무와 완두콩, 영양부추를 섞은 다음 드레싱을 끼얹어 버무린다.

1

4

임신부에게	율무
좋은 재료 이야기	율무는 피부 미용에 좋은 잡곡으로 임신 중 생기기 쉬운 잡티나 기미를 예방해줍니다. 넉넉한 물에 율무를 부드럽게 삶아내는 것이 율무샐러드의 맛을 내는 포인트입니다.

우엉
당근볶음

이렇게 준비해요

우엉 ½대, 당근 ¼개, 마른
다시마 5㎝ 1장, 청주 · 조
청 · 양조간장 2큰술씩, 식물
성 기름 · 통깨 조금씩

만들어볼까요?

1 마른 다시마는 잠길 정도로만 물을 부어 불러둔다.

2 우엉은 길게 반으로 가른 다음 4~5㎝ 길이로 얇고 어슷하게 썬
  다. 당근도 같은 모양으로 썬다. 불린 다시마는 곱게 채 썬다.

3 팬에 기름을 두르고 우엉을 볶다가 기름기가 배면 당근과 다시
  마를 넣어 함께 볶는다.

4 볶는 동안 뻑뻑해지면 1의 다시마 우린 물을 한두 숟가락 끼얹
  고 청주와 조청, 양조간장을 넣어 윤기가 나도록 조리듯이 볶다
  가 통깨를 뿌린다.

임신부에게 좋은 재료 이야기	**우엉, 당근**
	우엉, 당근과 같은 뿌리채소는 식물섬유가 풍부해 임신 중 변비 예방에 좋습니다. 우엉은 붓는 증상을 완화하는 데 효과적이며 당근은 비타민 A의 공급원이에요. 요리에 당근을 넣으면 색감이 예뻐 임신부의 입맛을 돋워주는 효과가 있어요.

단호박
팥조림

이렇게 준비해요

단호박 ¼개, 팥 ½컵, 마른
다시마 사방 5㎝ 1장, 물 2컵,
올리고당 · 간장 2큰술씩, 생
강즙 1작은술, 소금 조금

만들어볼까요?

1 마른 다시마를 가위로 가늘게 잘라 냄비에 넣고 물을 부은 다음
잠시 끓인다.

2 1에 팥을 넣어 삶는다. 팥은 부드럽게 익되 뭉개지지 않는 정도
가 적당하다.

3 단호박 속의 씨와 타래를 긁어낸 다음 한 입 크기보다 조금 작게
숭덩숭덩 썬다.

4 손질한 단호박을 2의 냄비에 넣고 올리고당과 간장, 생강즙을
넣어 조린다.

5 단호박이 부드러워지고 물기가 거의 없어질 때까지 조린다. 조
리는 도중 물기가 부족하면 물을 조금씩 넣어가며 조린다.

1

2

임신부에게	**팥**
좋은 재료	콩과 마찬가지로 비타민과 미네랄, 식이섬유가 풍부해 피로를 회복하고 변비에 효과적입니다. 특히
이야기	임신 후기의 임신부에게 도움을 주지요. 몸속 수분량을 조절해 부기를 조절하며 혈중 콜레스테롤도
	낮춰줍니다.

엄마와 아기를 위해 정성껏 차린
자연주의 태교밥상

ⓒ이양지, 2013

초판 1쇄 발행일 2013년 2월 20일

지은이 이양지
펴낸이 윤은숙
책임편집 이희원 팀장 | **디자인** ALL design group(02-776-9862)
사진 선우형준(Season2 02-538-9916) | **푸드스타일링** 김지현(010-9292-9498)
마케팅 석철호 나다연 최강섭 도한나 | **제작** 송승욱

펴낸 곳 (주)느림보
등록일자 1997년 4월 17일
등록번호 제10-1432호
주소 경기도 파주시 회동길 198
전화 편집부 031-955-7383 영업부 031-955-7374
팩스 031-955-7393
홈페이지 www.nurimbo.co.kr

ISBN 978-89-5876-156-3 13590

이 도서의 국립중앙도서관 출판시도서목록(CIP)은 e-CIP 홈페이지
(http://www.nl.go.kr/ecip)와 국가자료공동목록시스템(http://www.nl.go.kr/kolisnet)에서 이용하실 수 있습니다.
(CIP제어번호 : CIP2013000643)